염재현의
지구촌 이야기

라트비아 투라이다 에서

염재현의
지구촌 이야기

"세계 96개 도시를 누빈
글로벌 펀드매니저의
세상 사람 이야기"

염재현 지음

차례

들어가며 10

🐒 이야기 하나, 펀드매니저의 일상

🇰🇷 푸르른 꿈의 섬! 여의도! 15

🇰🇷 멈추지 않는 펀드매니저의 시계 21

🇰🇷 밥 한 끼의 온기 27

🇰🇷 첫 해외투자 펀드 33

🇰🇷 한국의 로마네 꽁띠 43

🇰🇷 CFA, FRM 10년 걸리다 51

🚢 이야기 둘, Asia

🇲🇾 아시아개발은행의 PEF 실사! 63

🇱🇦 소주 한잔에 담긴 가슴 아픈 역사 71

🇯🇵 용서와 화해의 새 날을 기다리며 77

🇹🇼 뜨거운 피! 우리는 민주 투사 동지 89

🇮🇳 천개의 언어 만가지 꿈! 97

🇻🇳 사이공의 전설 109

이야기 셋, Western Europe

바이킹의 후예		121
행복의 비밀		129
회장 여권 주세요		139
옥스퍼드에서 날아온 편지		149
추억을 선물받은 케임브리지		157
브렉시트		163
런던과 에든버러		175
오르세 미술관의 피리부는 소년		183
크루와상과 커피 한잔		189
프랑크푸르트의 깨달음		199
뒤셀도르프의 오후 풍경		207
알프스의 상쾌한 공기		215

이야기 넷, Eastern Europe

- 쇼팽의 피아노 선율 ... 225
- 첫사랑의 고향 라트비아 ... 235
- 남새전이 뭔가요? ... 243
- 전쟁과 평화 ... 249
- 예비신부의 눈물 ... 255

이야기 다섯, Latin America

- 지진에 대처하는 자세 ... 263
- 다양성의 인정, 배려와 관용 ... 273
- 밤을 잊은 그대! 산티아고 ... 283

이야기 여섯, United States

- 아쉬움, 그리움, 그리고 꿈 ... 295
- 천사의 도시, 로스앤젤레스 ... 305
- 뉴욕 그리고 짝사랑의 흔적 ... 311

글을 마치며 ... 321

들어가며

『염재현의 지구촌 이야기』 초고를 전해 받고, 밤늦도록 시간 가는 줄 모르고 글을 읽었다. 이 책은 단순한 글로벌 투자 기록이 아니다. 화려한 수익률이나 성공담을 나열하는 대신, 한 사람의 치열하고도 솔직한 삶의 흔적을 담담하게 펼쳐 보인다. 세계 96개 도시를 오고 간 펀드매니저의 시선은 결국 사람과 관계와 그 안에 녹아든 배움과 성장을 향하고 있다. 숫자와 리포트로 꽉 찬 책상이 아닌, 도시와 사람 그리고 거리의 온기가 묻어난다. 전 세계를 누비며 투자하는 과정에서 만난 이들과의 에피소드가 생동감 있게 펼쳐진다.

이렇듯, 이 책은 단순한 투자 경험담이 아닌 『살아낸 시간』의 기록이라는 점에서 깊은 울림을 준다. 해외에 직접 투자하는 펀드를 출시하기 위한 고군분투, 전범 기업 투자 문제에 대한 깊은 사색, CFA 시험에 12년이라는 시간을 바쳤던 이야기, 이루지 못했던 박사 학위의 꿈, 첫사랑의 설렘과 이별의 순간들까지 모든 장면이 미화 없이 담백하게 펼쳐진다. 자신을 꾸미거나 포장하지 않고, 실패와 회한의 순간까지 있는 그대로 보여주는 솔직함이 이 책의 가장 큰 매력이다. 염재현 작가가 각 나라와 도시에서 만난 사람들과의 에피소드도 인상적이다. 한 끼 식사를 함께 나누며 주고받은 이야기들, 예상치 못한 자연재해가 발생한 상황에서 발견한 인간적인 온기, 그리고 서로 다른 언어와 문화 속에서도 이어지는 『사람 대 사람』의 관계가 책 곳곳에 배어 있다.

　펀드매니저라는 직업적 정체성과 한 개인으로서의 고민속에, 살아가는 동안 끊임없이 새로운 도전을 감행하는 과정에서 느낀 두려움과 설렘, 성취와 아쉬움이 고스란히 담겨 있다. 인생에서 성공보다 더 중요한 것은 『삶을 어떻게 바라볼 것인가』라는 근본적인 물음이 아닐까? 이 책이 전하는 메시지는 분명하다. 인생은 속도가 아니라 방향이라는 것! 빠르게 성공하고, 높은 수익률을 기록하는 것 못지않게, 스스로의 방향을 잃지 않고 끝까지 걸어가는 것이 더 중요하다는 깨달음. 성공과 실패, 희망과 아쉬움이 교차하는 기록은, 독자로 하여금 자신의 삶과 목표를 되돌아보게 만든다.

　숫자와 성과에 매몰된 채 속도의 경쟁에 내몰리다 보니, 어느새 꿈을 잊고 사는 것이 익숙해졌다. 이 책은 그런 우리에게 조용하지만 확실한 메시지를 건넨다. 속도는 조금 느려도 괜찮다고. 중요한 건 어디로 가고 있는지라고. 그리고 때로는 화려한 성과보다 사람들과의 교감에서 더 깊은 배움을 얻을 수 있다고. 그래서 한 펀드매니저의 개인적 경험에서 시작된 이 이야기는, 결국 우리의 이야기로 이어진다.

　당신은 지금 어느 도시에서 누구와 어떤 풍경을 맞이하며, 어디로 향하고 있나요?

김창원, CFA, FRM

(미국계 자산운용사 북아시아 대표)

☆
이야기 하나,
펀드매니저의 일상

푸르른 꿈의 섬! 여의도!

 펀드매니저에게 여의도는 특별한 의미를 가진다. 얼마 전 국민연금공단의 CIO 모집에 지원했는데 면접 대상자로 선정되었다. CIO는 Chief Investment Officer의 약자로 투자관련 최종 의사결정을 내리는 최고책임자이다. 대한민국을 대표하는 공적 기관의 투자총괄 임원 면접 대상자로 뽑혔다는 사실만으로 감사하고 영광스러운 순간이었다. 조심스럽게 면접을 준비하는데 어떻게 알았는지 한 언론사에서 면접 대상자 실명을 거론하는 기사를 내보냈다. 현직에 근무하는 내게 너무나 당혹스러운 기사였다. 회사내에서 신중히 함구하던 일이 신문기사로 공개되어 버린 것이었다. 같이 일하는 직원들 보기가 민망했다. 나의 난처함을 말하고자 해당 언론사에 전화를 하자 담당 기자가 직속 상사를 바꿔주었다. 계약직 신분인 자산운용사의 본부장에게 고용 계약을 맺는 연말은 매우 중요한 시기이다. 해당 기사가 얼마나 타격이 큰 심각한 일인지 설명하고 기사내용에서 실명을 빼달라고 했다. 하지만 사실을 보도하는 것이 기자의 일이었기에 그도 기사를 수정할 수는 없었다. 우리네 삶에서는 뜻하지 않게 누군가에게 피해를 주는 일이 벌어지곤 한다. 그의 기사 내용에 속이 상했다. 하지만, 나 역시 의도하지 않았지만, 상대방에게 힘겨운 상황을 만들어버린 일들이 있지 않았을까? 이런저런 이야기를 서로 쏟아내는 도중 그가 이렇게 자기소개를 한다.

"본부장님! 제가 여의도에 20년 넘게 살고 있습니다."

그의 집이 여의도라는 말이 아니다. 투자업계에 20년 넘게 종사한 전문가라고 피력한 것이다. 은행의 본점이 명동 근처에 많이 있는 것처럼 자산운용사와 증권사의 본점은 대부분 여의도에 자리 잡고 있다.

여의도는 모래 위에 지어진 섬이라는 말이 있다. 고층 건물이 즐비한 여의도가 모래바닥에 지어졌다니? 그런데 1973년에 찍힌 사진 한 장을 보고 그 말을 이해했다. 여의도 광장에서 개최된 유명한 미국의 빌리 그레함 목사의 집회 사진을 보니 당시 여의도 순복음교회만 덩그러니 지어져 있고 주변은 모래벌판이었다. 국회의사당도 1975년에 완공되었으니, 여의도가 하나의 커다란 모래섬이었던 것이다.

공교롭게도 내가 태어난 곳이 여의도이다. 부모님 신혼집이 여의도 시범아파트라는 곳이었다고 한다. 당시 전세로 살고 계시다가 대출을 받아 집을 사려고 하니 외할아버지께서 모래 위에 지어진 아파트라 위험하다고 말리셨다고 한다. 지금도 어머니께서는 가끔 우스갯소리로 "그때 할아버지께서 말리지만 않으셨더라면……" 이라고 웃음 지으신다.

내가 태어난 곳이라 그런지 여의도는 내게 뭔가 편안함과 설렘이 공존하는 곳이다. 은행을 다니다가 자산운용사로 이직하고 나서 처음 느낀 생소한 문화는 근무하는 회사에 대한 애착이 강하지 않다는 점이었다. 누구나 본인이 다닌 회사에 대한 애착심은 다 가지고 있을 것이다. 다만 은행이나 일반 기업에 비해 자산운용사 직원들이 가지는 소속감은 다소 낮았다. 이런 내게 한 펀드매니저는 이렇게 말했다.

"우리에게 회사는 여의도이고, 근무하는 부서가 OO자산운용사인 거야!"

다니는 회사가 여의도라? 처음에는 이해가 되지 않았다. 그런데 자산운용사에 근무하면서 하나둘씩 주변 사람들이 이직한다고 인사를 하기 시작했다. 은행에서는 직장을 그만둔다는 것은 대단히 큰 일이었다. 여러 동료가 말리기도 하고 함께 걱정을 해주기도 했다. 그런데 운용사에서는 회사를 나가는 사람의 얼굴이 밝고, 남아 있는 이들도 별 대수롭지 않게 생각하는 분위기였다.

펀드매니저가 다른 곳으로 가면 그 자리를 다른 회사에 다니던 매니저가 높은 연봉을 받고 옮겨 왔다. 그로 인해 빈 자리는 다른 회사의 매니저가 자리를 채웠다. 이렇게 한 사람이 이직하면 서너 명의 펀드매니저가 회사를 이동하는 모습이 연출되었다. 그럴 바에는 차라리 지금 있는 사람의 연봉을 올려주지 왜 저럴까 하는 생각이 들었다.

나 역시 3년 반 정도의 시간이 지나 이직을 하게 되었다. 그런데 회사에서 감사패를 만들어 마지막 출근 날 대표이사께서 증정식을 해주셨다. 은행에서는 10년 넘게 일하고 나서야 받는 근속패를 받으니 나름 기분이 좋았다.

이런 현상은 자산운용사뿐만 아니라 증권사도 마찬가지인 것 같았다. 외국계 증권사에 다니는 후배가 찾아왔다. 이런저런 이야기를 나누다 후배가 말을 건넸다.

"형님! 어제가 연간 실적 보너스 나오는 날이었는데 생각보다 적게 나와서 사무실에 출근한 사람이 거의 없어요."
"뭐라고? 실적이 나빠서 직원을 해고했다는 말이야?

"아니요! 보너스 적게 주면 다들 그냥 며칠간 회사 안 나와요. 어떤 사람들은 주욱 그냥 회사 안 나오는 사람도 있어요."

여의도의 또 다른 모습이었다. 투자라는 본질상 돈이 중요하긴 한 것 같다. 누군가가 내게 여의도는 탐욕의 도시라는 말을 던진 적이 있다. 의아해하는 나를 보며 이렇게 말했다.

"돈을 찾아나서는 증권인! 화려한 조명 속 인기를 갈망하는 방송인! 권력을 추구하는 정치인! 이들이 모여 있는 곳이 바로 여기 여의도야"

그의 말이 맞는 듯도 했다. 수많은 자산운용사와 증권사, 국회의사당과 정당 사무실, 방송국이 한데 모여 있는 곳이 여의도이다.

그런데 나에게 여의도는 조금 다른 의미로 다가온다. 먼저 도심 한복판에 있는 녹음이 우거진 여의도 공원을 만날 수 있다. 냉정해 보이는 투자의 세계에 머물다가 점심시간에 여의도 공원을 걸으며 맞이하는 햇살은 그 어느 곳보다 따스한 포근함을 선사해 준다. 이 공원을 기준으로 동여의도와 서여의도로 나뉜다. 공원 동쪽에 위치한 동여의도는 주로 증권사, 자산운용사 본점이 자리 잡고 있고 고층 건물들이 즐비해 있다. 반면 서여의도에는 국회의사당과 정당들의 당사, 공기관 본사들이 있다. 국회의사당앞이라 고도 제한이 있어 고층 건물들이 없고 건물들 높이가 자로 잰 듯 비슷하게 낮다.

　여의도 공원을 산책하듯 걷다 보면 파란 한강의 물줄기를 언제나 볼 수 있다. 가끔 일이 잘 풀리지 않을 때면 발걸음을 잠시 한강공원으로 돌려본다. 말없이 흐르는 푸른 한강을 바라보고 있노라면 답답했던 마음도 유유히 흐르는 물결을 타고 멀리 떠나가 버린다. 센트럴파크까지 걷긴 너무 먼 미국의 월스트리트나 하이드파크까지 걸어가기 힘든 영국의 시티 오브 런던보다 여의도가 낭만을 품은 멋스러운 금융 중심지라는 생각이 든다.

멈추지 않는 펀드매니저의 시계

　이른 새벽을 깨우며 펀드매니저는 하루를 시작한다. 우리나라 주식시장은 9시에 열린다. 대부분 국내 주식을 운용하는 펀드매니저는 개장 1시간 전에 아침 회의를 한다. 전날의 주요 뉴스들을 정리하고 하루의 운용 계획을 여럿이 모여 논의한다. 이렇다 보니 7시 30분경에는 대부분의 펀드매니저들이 사무실에 앉아 있다. 모니터를 켜고 이메일을 열면 수십 통의 메일이 도착해 있다. 중요해 보이는 메일을 선별해서 읽고 있으면 전화벨이 울린다. 모닝콜 Morning Call이라고 부르는데, 증권사의 법인 브로커나 애널리스트가 중요한 이벤트나 투자 아이디어에 대해 짧고 명료하게 설명한다. 9시에 장이 열리면 한동안 긴장감 도는 정적만이 주변을 감싼다. 장이 마감되는 3시 30분까지 휴

전선에서 경계근무를 서는 군인처럼 시장에서 벌어지는 일들을 예의 주시한다. 장이 마감되고 나면 컴퓨터 화면에 그날의 운용 성과가 표시되어 시장을 이겼는지 나타난다.

글로벌 펀드매니저의 일상은 조금 더 역동적으로 숨가쁘게 돌아간다. 우리나라와 일본 주식시장은 9시에 시작한다. 서머타임을 시행하는 호주는 오전 8시에 장이 열린다. 글로벌 펀드매니저는 아침 7시 이전에 사무실에 출근해서 하루를 준비한다. 호주 주식시장의 움직임을 보며 그날 아시아 증시의 향방을 가늠해 보고 있노라면 우리나라와 일본 증시가 시작된다. 한 시간 뒤 대만과 싱가포르 시장이 개장하고, 30분 뒤 중국과 홍콩 증시가 열린다. 세계 주식시장의 15%를 차지하는 아시아 증시가 모니터 화면에서 정신없이 움직인다.

유럽 증시는 오후 5시에 열린다. 오후 4시 즈음이 되면 영국, 독일, 이탈리아 등 유럽 증권사에서 모닝콜이 오기 시작한다. 서로 인사는 상대방의 시간에 맞춘다. Good afternoon! 이라는 그들의 인사에 Good morning! 이라고 화답한다. 글로벌 펀드매니저의 첫인사는 24시간 내내 굿모닝이다. 하루 종일 좋은 아침을 맞이하는 행복한 삶 아닐까!

다들 하루 일을 마치고 가벼운 마음으로 퇴근을 준비하며 주섬주섬 책상 정리를 하고 있을 무렵 글로벌 펀드매니저는 회의실로 향한다. 유럽 증권사의 애널리스트와 화상 미팅이 잡혀있다. 회의를 마치고 나오면 직원들이 모두 퇴근하고 텅 빈 사무실이 반긴다. 유럽 증시의 흐름을 조금 더 지켜보다 사무실을 나선다. 무심코 고개를 들면 출근할 때 새벽별이 반짝이던 하늘엔 둥근 보름달이 웃고 있다.

집에 와서도 긴장을 늦출 수 없다. 미국시장이 밤 11시 30분에 열린다. 세계 주식시장의 67%를 차지하는 미국 주식시장의 움직임을 보기 시작하면 자정이 넘도록 눈을 떼기 어렵다. 미국 주식시장은 새벽 6시에 마감한다. 시장이 하락하는 날이면 뜬눈으로 밤을 새우곤 하다. 미국 주식시장의 흐름은 몇시간에 뒤에 열릴 아시아 증시에 그대로 영향을 미친다. 글로벌 주식시장의 시계는 24시간 쉴새없이 돌아간다.

하루를 일찍 시작해서인지 오전 업무를 보고 있으면 어느새 배가 고프기 시작한다. 그래서 여의도에서는 점심시간이 빨리 시작된다. 11시 30분이 되면 다들 점심을 먹으러 나가 사무실에 아무도 없었다. 일반 직장에 비해 일찍 시작되는 점심이 처음에는 낯설었다. 하지만 30분 이후에 나가면 식당에 자리가 꽉 차서 오래 기다려야 했다.

여의도의 특징 중의 하나는 식당들이 눈에 잘 띄지 않는다는 점이다. 빌딩 숲속을 지나다녀도 식당들이 별로 없어 보인다. 실은 많은 식당들이 건물의 지하에 밀집해 있다. 한산해 보이는 건물도 지하로

가면 마치 땅속에 지어진 개미집처럼 사람들로 바글바글하다. 다른 지역에 비해 주거지역보다 사무실 비중이 압도적으로 높기에 사람 수 대비 식당 수가 부족하다. 반대로 주말에 여의도에 와보면 한적하다 못해 유령도시 같은 기분이 들 때도 있다. 대부분의 식당도 다른 지역과 달리 주말에 영업하지 않는 곳이 많다.

우리나라의 빨리빨리 문화가 11시 30분에 시작되던 여의도의 점심시간에도 흘러들었다. 남들보다 5분 먼저 나가고, 10분 먼저 식당으로 가더니 이제는 11시에 점심을 시작하는 문화가 자리 잡아가고 있다. 얼마 전 약속이 있어 지하 식당가를 둘러보고 있었다. 시계가 11시 5분을 가리키고 있었는데 어떤 식당은 벌써 만석이라 대기를 해야 했다. 도대체 식당 안에 있는 이들은 몇 시에 사무실서 나온 것일까?

일찍 시작하는 점심만큼 그럼 일찍 사무실로 복귀할까? 일부 직종을 제외하고는 대부분 아니다. 11시에 시작했어도 사무실 복귀는 1시경이다. 펀드매니저를 비롯한 투자업계의 사람들에게 가장 중요한 것은 정보이다. 빠른 정보도 중요하지만 폭 넓은 정보가 투자에 있어 중요하다. 정보는 뉴스, 보고서, 세미나 등으로 얻기도 한다. 그런데 다양한 정보와 시장의 흐름은 바로 이 점심시간에 다양한 사람들과 만나 나누는 대화에서 얻게 된다. 산업의 새로운 동향, 다른 경쟁 회사들의 움직임, 금융당국의 정책 방향 등 언론에 공개되기 전의 시장흐름을 사람들과의 대화에서 얻게 되는 것이다. 아무리 세상이 디지털

화되고 AI가 대두되는 세상이 와도 결국 그 흐름을 읽고 판단하는 펀드매니저에게 점심시간은 가장 중요한 시간인 것이다.

글로벌 펀드매니저로서 여러 나라를 돌아다니면서 느끼는 다양함이 있다. 프랑스 사람들은 점심시간을 매우 소중히 생각하는 거 같다. 파리에서 만난 프랑스 펀드매니저와의 점심시간, 세련된 프렌치 레스토랑으로 간다. 하긴 내 눈에나 세련된 레스토랑이지 그들 눈엔 동네에 흔한 백반집 같은 곳이리라. 메뉴판을 보며 느긋이 요리를 주문하고 점심에 와인까지 한잔한다.

반면 미국에서 펀드매니저들과 점심을 하게 되면 사뭇 분위기가 다르다. 얼마 전 로스앤젤레스에 있는 호치키스 캐피탈 Hotchkis & Wiley Capital을 방문했다. 투자 관련 점검을 위해 아침부터 오후 늦게까지 일정이 빡빡했다. 오전 업무가 끝나갈 때쯤 수석 펀드매니저인 데이비드 그린 David Green씨가 점심을 준비했다고 했다. 잠시 후 사무실로 샌드위치가 가득 담긴 박스가 배달되어 왔다. 자기네들이 열심히 일한다는 모습을 애써 피력하려는 듯 보였다. 회의실에서 사장과 직원들이 모여 한국서 온 펀드매니저와 샌드위치를 먹으며 비즈니스 이야기를 이어갔다.

오랜 시간 세련된 식당에서 와인과 즐기는 프랑스 사람들의 점심과 배달해 온 샌드위치로 회의실에서 보내는 미국 사람들의 점심시간. 이 모두가 갖는 공통점이 하나 있다. 어느 나라 펀드매니저들이건 먹는 음식이 다르고 스타일은 각양각색이더라도 투자에 대한 이야기 꽃을 피운다.

밥 한 끼의 온기

여의도가 가지고 있는 조금 특이한 문화는 회사 동료보다는 외부 사람과 점심을 자주 먹는다는 점이다. 오랫동안 여의도에 있었지만 왜 그런지 잘 모르겠다. 점심을 누구와 먹는가는 개인의 자유이다. 고등학교 때 점심은 같은 반 친구들과 함께 먹었다. 구태여 옆 반의 친구를 찾아가 같이 먹지는 않았다. 은행지점에서 근무할 때는 지점 동료들과 먹었다. 본점에 근무할 때는 같은 부서 동료들과 먹거나 본점에 근무하는 다른 부서 동료들과 먹었다. 총각 때 타 부서의 맘에 드는 여직원과의 점심은 봄 햇살에 흩날리는 벚꽃잎처럼 화사한 시간이었다. 삼전동에 있는 금융 공기관에 근무할 때는 20명 정도 되는 부서 동료들이 다 함께 점심을 먹으러 갔다.

그런데 유독 자산운용사에 근무하는 펀드매니저들은 주로 외부 사람들과 점심을 먹는다. 점심 선약이 없는 날 아침 10시가 되면 분주하게 메신저로 지인들에게 점심을 같이 할 수 있는지 물어본다. 대부분 선약이 있다. 가까스로 점심 약속을 잡으면 안도의 숨을 내쉰다. 외부인과 점심을 먹는 것은 시장 정보를 얻기 위함이다. 하지만 꼭 그런 이유 때문만은 아닌 것 같았다. 자신의 투자 성과가 매일매일 평가받는 삶의 흐름 속에 옆에 있는 동료에 대한 믿음의 폭이 얇은 듯했다. 이직이 잦은 조직문화에서 함께 일하는 직원에게 우리라는 동료 의식을 깊게 느끼지 못하는 탓은 아닐까? 함께 점심을 먹는다는 것은 김이 모락모락 피어나는 밥의 온기처럼 따스한 정을 나누는 일이다. 그런데 함께 근무하는 동료들이 아닌 다른 회사 사람과 점심을 자주 하는 펀드매니저의 삶에는 말 못 할 외로움이 묻어난다.

자산운용사에서 과장으로 일하던 때 웃지 못할 해프닝이 있었다. 어느 날 갑자기 팀장이 주말에 골프를 치러 가자고 했다. 같이 가기로 한 거래처 부장이 못 가게 돼서 급하게 대신 갈 사람을 구한다고 했다. 골프장에 도착하여 클럽하우스로 향했다. 그런데 우리 회사 직속 상사 본부장이 그곳에 계셨다.

"본부장님! 오늘 라운딩 있으신가 봅니다?"
"어…김 팀장! 자네도 라운딩 있나 보구면. 라운딩 잘하고…."

글로벌운용본부의 본부장과 팀장. 가장 가까운 사이 아닐까? 그런데 두 사람은 사무실에서 자리는 가까웠지만 점심 식사를 같이 하는 일은 자주 보지 못했다. 골프장에서의 만남도 반가움보다는 어색함의 기운이 더 느껴졌다. 잠시 후 거래처 상무가 반갑게 인사하더니 의아한 표정으로 묻는다.

"본부장님과 팀장님! 왜 따로 앉아 계시나요?"

거래처에서 우리 회사의 본부장과 팀장 두 분을 접대하는 자리였다. 그 회사의 상무는 본부장에게, 부장은 팀장에게 골프를 치러 가자고 연락을 한 것이다. 거래처 입장에서는 한 회사의 본부장과 팀장을 접대하는데, 격식에 맞게 연락을 각자 나누어서 했었다. 그런데 우리 회사의 두 사람은 서로에게 주말에 골프를 치러 간다는 말조차 하지 않은 것이었다. 당연히 서로 알고 있으리라 여겼던 거래처 상무의 당황해하는 표정이 아직도 생생하다. 우리 회사에서 본부장과 팀장 두 사람의 사이가 나쁜 건 아니었다. 그런데도 서로 일상에 대한 대화를 나누며 교류하지 않는 듯 보였다. 물론 모든 회사가 다 이렇지는 않을 것이다. 나 역시 10년 전의 운용사에서 함께 일하던 동료들과 지금도 자주 보고 여행도 같이 가곤 한다. 하지만 같은 공간에 있는 이들과 식사를 함께 하지 않는 문화는 왠지 낯설다. 지금 몸담고 있는 본부에서는 직원들이 함께 점심을 먹는다. 외부 사람과 먹는 일도 있지만 가급적 다 함께 먹는다. 차가워 보이는 펀드매니저의 세계에서 따뜻한 온기를 나눌 수 있는 시간. 그 시간이 점심시간 아닐까?

외부 거래처 사람들과 점심을 함께하는 대신 더 따스한 온기가 가득한 점심시간을 보낸 적이 있었다. 운용자산이 20조 원이 넘는 금융 공기관에 근무할 때 일이다. 운용자산이 큰 만큼 수많은 거래기관 담당자들과 점심 약속이 보통 두세 달 미리 잡혀 있었다. 당시 제시 버시 Jesse Buzzie라는 캐나다인 동료가 한 명 있었다. 금발의 전형적인 백인 친구였다. 한국에서 대학을 나와 우리말이 유창했고 아내도 한국인이었다.

그런데 제시는 점심시간이 되면 부리나케 지하철로 달려 나갔다. 어디를 그리 매일 급히 가느냐 물었더니 점심을 먹으러 집으로 간다는 것이었다. 여의도역에서 지하철을 타고 집이 있는 증미역까지 간다고 했다. 지하철로 7개 역을 지나쳐서 14분 걸리는 거리였다. 11시 50분 즈음 나가서 1시까지 들어오는 점심시간을 집에 가서 먹고 왔다. 사회생활을 하면서 점심을 집에 가서 먹고 온다는 것을 생각조차 못 한 내게는 신선한 충격이었다. 신기해하며 제시에게 묻자, 캐나다에 계시는 아버지께서 항상 집에 와서 점심을 드셨다고 했다.

이 어색한 광경이 어찌 보면 우리네가 살아오던 자연스러운 모습 아니었을까? 들에 나가 일하시던 아버지께서 집에 와서 점심을 드시는 모습. 언젠가부터 도시화가 되면서 우리에게서 사라져 버린 정겨운 모습 아닐까?

당시는 내게도 갓 태어난 아들이 있었다. 신혼집은 증미역에서 한 정거장 더 가는 가양역이었다. 나도 일주일에 두어 번은 집에 가서 점심을 먹었다. 주로 내가 근처에서 도시락 같은 것을 사서 집에서 아이 엄마와 같이 먹었다. 점심시간에 아장아장 걷기 연습을 하는 아들과 나눈 시간은 이 세상 그 무엇과도 바꿀 수 없는 단꿈 같은 시간이었다. 지금도 그 시간이 그립다.

《바커스와 아리아드네》 티치아노 베첼리오, 1522년~1523년, 캔버스에 유화, 191×176.5cm, 런던 내셔널 갤러리. 좌측 상단에 별자리 왕관자리가 그려져 있다.

첫 해외투자 펀드

고등학교를 졸업하고 대학입시에서 첫 실패를 맛보았다. 재수 끝에 대학에 합격하고 입학식도 하기 전 종로에 있는 영어학원에 등록했다. 영어회화반에 등록하니 영어로 이름을 지어보라고 했다. 고민 끝에 로마 신화에 나오는 신들의 왕 주피터 Jupiter로 영어 이름을 지었다. '주피터 염' 나름 멋지게 들렸다. 그런데 한동안 쓰던 영어 이름을 바꾸기로 결심했다. 외국 사람과 처음 만나 내 소개를 "I am Jupiter"라고 하면 의아해하며 어깨를 들썩이며 "Jupiter? Planet?"이라는 것이었다. 주피터의 다른 뜻이 목성이었기에 다들 내 영어 이름에서 목성을 떠올리기 일쑤였다.

이후 영어 이름을 애드리안 Adrian으로 정했다. 꽤 오랫동안 나의 20대에 쓴 이름이다. 학창 시절 독일 교환학생 때 만난 많은 외국 친구도 내 이름을 애드리안으로 기억한다. 그런데 직장을 가지고 난 후 해외투자를 시작하면서 오히려 영어 이름을 쓰지 않았다. 그냥 부모님께서 지어 주신 이름을 쓴다. 먼 나라에 있는 이들에게도 내 이름은 재현으로 기억되고 싶었다. 외국인들은 내 이름 재현을 발음하는 데 어려움을 겪었다. 알파벳 제이J 발음이 나라마다 다르기에 종종 재훈, 자훈, 야훈 등 자기 마음대로 불렀다.

외국인들과 대화하다 보면 현대그룹과 관련해서 항상 신경이 쓰이는 부분이 있다. 대부분의 서양인은 '현대' 발음을 정확히 하지 못한다. Hyundai 라는 표기법이 애초 잘못된 건지 대부분 서양인은 '현대'를 '현다이'로 발음한다. 더 재미있는 건 우리나라 사람조차 외국인과 대화할 때는 '현다이'로 억지로 발음한다. 마치 그렇게 해야 글로벌 스탠다드를 따르고 있다고 여기는 듯했다. 오래전 국제컨퍼런스에서 외국 펀드매니저들과 현대자동차 실적 전망에 관해 이야기하는데 우리나라 사람이 내게 의기양양하게 말했다.

"매니저님! 현대는 현다이로 발음해야 해요."

그가 어리석어 보였다. 내 나라 회사 이름을 외국인이 잘못 말하면 우리라도 제대로 말해야 하는 거 아닐까? 스위스 기업 네슬레 Nestlé를 네스틀레 라고 발음하는 이는 없지 않은가?

오래전 현대그룹도 잘못 인식된 기업의 발음을 고치려고 캠페인도 했다고 한다. "선데이, 먼데이, 현대! Sunday, Monday, Hyundai!" 이런 식의 홍보였다고 한다. 하지만 사람들 뇌리에 굳어진 현다이를 쉽사리 바꾸지는 못했다. 안타까운 현실이었다. 하지만 최근 영국에서 현대차의 브랜드 광고가 나왔다. 네비게이션에 현다이라고 말하자 엉뚱한 목적지로 인도해 준다. 미장원 High n Dye, 넥타이 가게 Hawaiian Tie, 푸드트럭 High End Pie, 안경원 Highland Eye. 당황해하는 사람에게 한 여인이 엷은 미소와 함께 한마디를 건넨다. "그나저나 현대예요. Hyundai! By the way!" 위트가 넘치는 광고다. 높아진 우리나라와 기업들의 위상처럼 오래전에 실패했던 기업 발음 바로잡기가 이번엔 성공했으면 좋겠다.

이렇듯 이름은 사람과 기업 모두에게 중요한 의미를 가진다. 상품의 이름이 그 본질을 설명하듯 펀드의 이름도 매우 중요하다. 펀드가 하나 만들어지면 그 이름을 짓기 위해 펀드매니저는 밤낮 고민한다.

분산투자로 유명한 미국의 레이 달리오의 투자전략은 올 웨더 All Weather 포트폴리오이다. 봄 여름 가을 겨울 어떤 계절에도 적응하며, 시장이 오르거나 내리거나 일정 수익을 추구하겠다는 전략이 이름에서 묻어 나온다. 미국의 전설적인 투자자인 피터 린치의 마젤란 펀드는 1977년부터 13년간 누적 2,700%의 경이로운 수익률을 시현했다. 인류 최초로 지구를 일주하는 항해에 성공한 페르디난드 마젤란 Ferdinand Magellan의 이름처럼 이 펀드는 전 세계의 우수한 기업을 항해하듯 발굴하여 투자하였다. 그들처럼 나 역시 잠 못 이루며 이름을 지은 펀드가 하나 있다.

6년간 근무한 첫 직장인 은행을 나와 자산운용사로 이직하였다. 펀드매니저라는 새로운 도전이 시작되는 이날은 운명처럼 10년 전 첫 해외여행을 떠나던 5월 1일과 같은 날이었다.

처음으로 담당했던 해외펀드는 아시아에 투자하는 다양한 펀드를 골라 담는 재간접펀드 Fund of Funds였다. 여러 나라에 대한 경제 분석과 주식시장 전망을 토대로 투자 비중을 결정하고, 해당 국가에 투자하는 전 세계의 펀드를 일일이 분석하여 가장 좋은 펀드들을 골라서 담는 일은 무척이나 흥미진진했다. 다행히도 운용성과는 벤치마크를 이겼다. 벤치마크는 투자 성과를 비교하기 위한 비교 지수를 말한다. 한국 주식시장의 경우 코스피 지수, 일본은 니케이225 지수를 주로 쓴다. 아시아 투자의 경우 MSCI All Country Asia Pacific 지수를 많이 쓴다.

펀드매니저의 생활은 이처럼 자신의 운용 성과가 벤치마크 대비 어떤지 바로 나타나기 때문에 심적 부담감이 매우 크다. 특히 비슷한 유형의 펀드와 투자 성과가 매일 비교되기 때문에 다른 직업에 비해

스트레스를 많이 받는다. 하루의 일상이 무척이나 긴장되고 숨찬 나날들이지만 그 순간들을 즐기며 걸어 나가는 이들이 펀드매니저이다.

이렇게 정신없이 숨 가쁜 긴장감을 이겨내며 해외 펀드매니저의 삶에 적응해 나가며 1년이 지나가자, 한가지 의구심이 들었다. 왜 해외펀드는 외국 회사에게 운용 전반을 위탁하는 간접투자의 형태가 대부분일까? 우리가 바다 건너에 있는 저들보다 분석 능력이 떨어지는 것도 아니고, 우리도 외국어를 읽을 줄 알고 외국 말을 할 줄 아는데 왜 우리는 못할까? 더 이상 남의 펀드에 투자하는 일 말고 우리가 직접 운용하는 펀드를 만들어서 우리 이름으로 운용하자고 건의했다.

첫 번째 반응은 우리가 그런 걸 어떻게 하냐는 분위기가 팽배했다. 어린아이가 수영을 배우기 전 잠수하는 것을 두려워하듯 해외투자를 직접 한다는 것을 두려워하고 있었다.

"염 과장님! 해외투자를 직접 하려면 그 나라들을 직접 다 가봐야 하고, 기업들도 일일이 방문해야 하는데 우리가 어떻게 합니까?"

투자하는 국가는 말 그대로 직접 가면 된다. 매달 열흘씩 해외 출장을 간다고 해도 맹목적으로 해외 운용사에 지불하는 수수료에 비하면 아주 미미한 비용이다. 수출기업에서 힘들게 벌어들인 소중한 외화를 해외투자 하는 금융인은 해외 운용보수라는 명목으로 외화를 유출하는 것은 너무 안일한 태도 아닐까?

기업을 다 가봐야 한다는 것도 일을 직접 겪어 보기 전 으레 미리 겁을 먹고 만들어낸 허상이다. 해외펀드의 투자 종목은 100개가 넘는 경우가 많다. 관심 종목까지 보면 500종목도 넘을 것이다. 물론 투자 대상 기업은 직접 방문해야 한다. 하지만 모든 기업을 가기는 어렵다. 해외뿐만 아니라 국내 기업도 분석하는 작업은 리포트를 통해 이루어진다. 서울에서 읽는 리포트나 뉴욕에서 읽는 리포트나 내용은 같다.

"우리 회사 글로벌운용팀 인원은 고작 5명이고, 해외는 수십 명이 넘는데 우리가 어떻게 합니까?"

마치 안되는 이유를 억지로 찾으려는 것 같았다. 해외에서 운용 중인 펀드의 경우 단 두 명의 펀드매니저가 운용하는 경우도 보았다. 물론 인원이 수십 명에 달하는 해외 운용사도 있다. 하지만 그들은 수십 명이 한 펀드에만 전념하는 것이 아니고 운용 중인 펀드가 수십 개에서 수백 개에 이른다.

"우리가 펀드를 만들어도 결국엔 팔려야 하는데 펀드 판매사인 은행이나 증권사에서 직접 운용한다고 하면 거들떠보지도 않습니다."

한 번이라도 시도해 봤는가? 아직 직접 운용하는 해외펀드를 만들어 본 적도 없는데 언제 누가 거들떠보지도 않았다는 것인가! 몇 개월의 시간이 지나가면서 직원 간에 한 번 해보자는 의견이 조성되기 시작했다.

"염 과장! 한번 해보자! 우리도 언제까지 위탁 운용만 하고 있을 순 없잖아!"

이래저래 고군분투 중인 내게 담당 팀장께서 응원해 주셨다. 하지만 반대하는 사람들도 여전히 많았다. 수풀을 헤치고 나아가는 동안 많은 동료들이 도와주었고 함께 머리를 맞대고 고민해 주었다. 직접 운용펀드에 대한 도전은 월간 운용 전략회의 시간에 유승록 대표이사의 한마디로 이루어졌다.

"글로벌 팀에서 해외펀드 직접 운용하는 거 만들어 보세요. 남들도 다 하는데 뭐 우리라고 못 하겠습니까!"

많은 이들이 함께 해주었다. 김경하 경영관리부장은 해외 주식 직접 운용에 드는 비용은 지출이 아닌 투자라며 1억 원이 넘는 초기 재정지원을 해주었다. 막상 일이 진행되고 나니 겁도 나기 시작했다. 큰소리는 쳤는데 결과물이 안 나오면 어떻게 하지? 하지만 이미 걱정하기에 강을 너무 많이 건너왔다.

많은 이들과 생각을 모아 기업 분석 능력만으로 접근하긴 무리라는 결론을 얻었다. 그러다가 문득 투자 모형을 만들어서 접근하면 벽을 넘을 수 있을 거란 확신이 들었다. 판매사에 가서 우리가 막연히 해외투자를 한다고 하면 신빙성이 없지만, 투자 모형을 가지고 객관적인 근거에 의해 투자한다고 하면 믿어줄 거란 생각이 들었다. 그날부터 퀀트 모형, 스코어링 모형, 팩터 모형 등 투자모델과 관련된 해외증권사의 리포트와 학계의 논문을 닥치는 대로 읽고 분석했다. 그러면서 워렌 버핏, 피터 린치 등 저명한 투자자들이 제시하는 투자 기법을 하나씩 모델에 접목해 보기 시작했다. 원하는 결과가 나오지 않을 수도 있는 어찌 보면 무모해 보이기까지 한 도전이었다. 하지만 가슴속엔 가능하다는 알 수 없는 자신감이 있었다.

6개월의 작업 끝에 하나둘씩 그림이 그려지기 시작했다. 해외주식 투자를 위한 퀀트 모형이 완성되었다. 시장 수익률을 상회할 수 있는 투자 지표를 선별해 내는 멀티 팩터 모형을 통해 포트폴리오를 구성하고, 기본적 분석과 기술적 분석을 적용하여 투자하는 전략을 만들었다.

남은 과제는 수많은 투자 대상 중 어디에 투자하는 펀드를 만드느냐였다. 여러 의견이 나왔다. 아시아 투자를 먼저 해보자, 선진국을 먼저 하자, 소비재 산업을 먼저 하자 등. 당시는 미국발 서브프라임 사태로 글로벌 금융위기가 투자심리를 위축시킨 2008년 말이었다.

2009년을 준비하며 여럿이 업무를 마치고 지친 몸을 이끌고 회사 앞 호프집에서 시원한 맥주 한잔에 하루의 피로를 날려버리고 있었다. 대화 주제는 어김없이 새로 만들 펀드 이야기로 분위기가 무르익을 무렵 내 눈이 동료들의 호프 잔에서 떠나지 않았다.

"주류 산업 어때?"

이 한마디에서 새로운 펀드의 테마가 결정되었다. 당시 글로벌주식시장은 고점 대비 50% 이상 하락한 패닉 장세였다. 이런 상황을 극복하기 위해서는 경기의 호황과 불황에 크게 영향을 받지 않고 꾸준한 성과를 낼 수 있는 안정적인 투자 대상이 필요했다.

"맞다! 사람들은 기쁠 때 다 같이 축배를 들고, 슬프거나 힘겨울 때는 소주 한 잔을 함께 하며 위로를 해주잖아요! 아이디어 좋은데요."

옆에 있던 조하진 펀드매니저가 맞장구를 쳤다.

"그렇네요. 주류산업은 맥주도 있고, 위스키, 보드카, 막걸리 등 나라마다 특색도 있고, 와인처럼 세련된 이미지도 있으니 투자 대상으로 매력적일 거 같은데요."

평상시 와인을 즐겨 마시던 김규훈 매니저의 말에 다음 날 시장 분석에 돌입했다. 대다수 주류기업은 부채가 적고 많은 현금 자산을 보유하고 있어 재무 상태가 안정적이었다. 또한 배당 성향이 높아 안정적 배당수익을 기대할 수 있었다.

이제 남은 것은 펀드 이름을 짓는 것이었다. 수많은 생각과 고민 끝에 탄생한 이름이 바로 글로벌 바커스 펀드였다. 로마신화에서 술의 신 바커스 Bacchus에서 따온 이름으로 그리스 신화에서는 디오니소스 Dionysus라고 불린다.

신화의 간추린 내용은 이렇다. 바커스는 아리아드네에게 첫눈에 반한다. 사랑의 상처가 있던 아리아드네는 바커스를 만나 위안을 얻고 그와 결혼해 행복하게 살았다. 결혼 선물로 왕관을 받았던 아리아드네가 세월이 흘러 먼저 죽음을 맞이하자, 바커스는 그녀가 쓰던 왕관을 하늘의 별자리로 올려주었다. 이것이 아리아드네를 향한 지고지순한 사랑의 징표인 밤하늘의 별자리 '왕관자리'이다.

한국의 로마네 꽁띠

　글로벌 바커스 펀드의 포트폴리오 중에 독일의 하베스코 Hawesko 라는 기업이 있었다. 전 세계에서 와인을 수입해서 유럽 전역에 유통하는 세계적인 와인유통회사이다. 연 매출 1조 원으로 1,300명의 직원이 근무하는 독일 함부르크 소재 기업이다. 펀드를 운용하던 당시 1798년 설립된 독일 증권사인 와버그 M.M.Warburg로 부터 독일 기업에 대한 리서치 리포트를 받아보고, 컨퍼런스콜 등을 통한 기업 분석을 지속하고 있었다. 어느 날 법인영업 담당 임원인 바바라 Barbara Effler로 부터 전화가 왔다.

"다음 달에 하베스코의 알렉산더 마가리토프 Alexander Margaritoff 회장님과 함께 한국에 갑니다. 아시아 로드쇼 일정으로 이틀간 한국에 머물려고 합니다."

로드쇼는 해당 기업이 투자자에게 회사를 알리고 투자 유치를 받기 위해 정기적으로 개최하는 행사이다. 우리나라 기업들도 외국인 투자자 유치를 위해 미국, 영국, 홍콩 등에 가서 회사의 경영진이 로드쇼 행사를 한다. 하지만 우리나라의 해외투자 규모가 크지 않고 그마저도 외국 운용사에 위탁하는 형태가 많다 보니, 외국 기업의 CEO가 로드쇼 행사를 위해 한국에 오는 경우는 드물었다. 국내에 다른 투자자가 없었기에 실질적으로 나 한 사람을 보기 위해 한국에 오는 셈이었다. 홍콩에서 행사를 마치고 일본으로 가기 전 잠시 들르는 거라고 편하게 여길 수도 있었지만, 왠지 부담스러웠다.

마침, 바커스 펀드의 포트폴리오에 국내 기업 국순당이 있었다. 국순당 같은 주류기업이 하베스코와 같은 대형 글로벌 유통회사와 교류를 할 수 있다면 막걸리를 유럽 전역에 소개할 수 있지 않을까 생각했다. 국순당의 IR Investor Relations 담당자에게 전화했다. 하베스코의 한국 방문에 관해 이야기하고 혹시 미팅할 의사가 있는지 물었다. 그는 다소 피곤한 기색의 목소리로 말했다.

"저희는 국내 막걸리 회사라 외국 와인 유통회사에 별 관심이 없어요."

이해할 수 없었다. 국순당 입장에서 해외 주류 유통회사와 네트워크를 만들려면 수많은 시간과 노력이 들 텐데, 그들이 찾아온다는 기회를 왜 걷어찰까? 답답해하는 나를 보던 신동혁 펀드매니저가 한마디 한다.

"뭐 하러 남의 회사까지 걱정을 해줍니까! 펀드매니저와 아무 상관 없는 일이고. 하베스코 오면 미팅하고 향후 주가 상승 여력이 있는지 CEO와 이야기 나누면 끝인데……."

하긴 국순당도 하베스코도 나에겐 펀드 포트폴리오에 포함된 회사일 뿐 내가 그들을 도와줄 이유는 없었다. 그런데 마음이 그리 움직였다. 하베스코에겐 한국까지 와서 나만 보고 가는 게 미안했고, 국순당에겐 한국 기업이 세계로 뻗어 나갔으면 하는 순수한 바램이었다. 다음날, 하베스코라는 회사에 대해 자세히 적어 이메일을 국순당에 보냈다. 유럽 전역에 와인을 유통하는 회사를 만나기도 어려운데 나라면 사장에게 보고는 한번 해보겠다는 말과 함께. 몇 시간 뒤 어제와는 사뭇 달라진 친절한 목소리로 전화가 왔다.

"매니저님! 저희 하베스코와 꼭 미팅을 해보고 싶은데 방문 약속 잡아 주실 수 있으세요?"

"네! 알겠습니다. 하베스코 쪽에 물어보겠습니다."

실은 하베스코가 국숙당에 관심을 가질는지 알 수 없었다. 독일증권사에 메일을 보냈고, 미팅을 할 수 있다는 답신이 왔다. 다만 오후에 한국에 도착했다가 나를 만나고 다음 날 비행기로 일본에 가기에 저녁 시간만 가능할 거라 했다.

하베스코가 한국에 입국하는 날 저녁, 삼성동에 있는 국순당 빌딩에서 공식 미팅을 했다. 국순당에서 생산하는 모든 술이 테이블에 놓여있었다. 국순당 회장의 전통술에 관한 설명에 하베스코의 알렉산더 회장은 귀를 쫑긋 세우고 관심을 보였다. 우리나라 전통주를 와인 마시듯 향기부터 맡고 한 모금씩 음미한다. 1,500년 초반 문헌인 수운잡방을 토대로 심혈을 기울여 고려시대에 귀족들이 마시던 막걸리를 복원했다며 설명을 이어갔다. 누룩까지 쌀로 만들어야 하는 새로운 발효 방법부터 양조 과정까지 설명해 주었다. 그런데 술에 대한 내 지식이 짧아 그의 긴 설명을 일일이 전달할 수 없었다. 알렉산더 회장에게 짧게 한마디로 통역을 했다.

"이 술이 한국의 로마네 꽁띠 Romanée-Conti입니다."

로마네 꽁띠는 프랑스 와인이다. 한 병에 2,000만 원을 호가하는 최고급 와인으로 9,000만 원이 넘는 빈티지도 있다고 한다. 890년 생-

비방 Saint-Vivant 수도원이 설립되고 1794년 로마네 꽁띠라는 이름으로 와인이 처음으로 출시되었다고 한다.

로마네 꽁띠라는 말에 알렉산더 회장의 눈빛이 달라진다. 마치 생일 선물을 받은 어린아이처럼 반짝이는 눈빛으로 오랜 세월을 지나 다시 태어난 고려시대의 고급 탁주를 바라본다. 여러 술을 음미하던 알렉산더 회장은 특별히 막걸리에 반한 모양이었다.

"배 회장님! 한국의 막걸리 양조장을 독일에 세우고 싶습니다."

그의 급작스러운 제안에 배중호 회장이 신중히 답한다.

"알렉산더 회장님! 양조장을 세울 수는 있는데 독일에서 제조하면 이 맛이 나지 않을 것입니다. 쓰이는 물이 다르고, 공기가 다르고, 발효과정에서 생기는 곰팡이가 달라 같은 맛이 나지는 않을 겁니다."

알렉산더 회장은 아쉬워하며 다른 제안을 했다.

"그럼, 막걸리를 컨테이너 하나 정도 시험삼아 수입해서 유럽에 유통해 보겠습니다."

막걸리가 고급스러운 미각을 지닌 서양 아저씨의 입맛을 어지간히 사로잡은 모양이었다. 그런데 다시금 배 회장이 안타까운 어조로 말을 이어간다.

"와인과 달리 막걸리는 유통기한이 열흘 정도라 유럽으로 선적이 불가능합니다. 최근 유통기한을 늘이는 방법에 성공해서 조만간 상용화가 가능할 거 같습니다."

유럽과 한국의 주류산업 대가들의 대화는 끝날 줄을 모르고 이어졌다. 거나하게 흥겹게 취한 채 숙소로 돌아가는 독일 아저씨의 뒷모습을 바라보며 우리나라 술이 전 세계인의 식탁에 오를 날을 넌지시 그려보았다. 얼마 후 막걸리의 유통기한이 한 달 이상으로 늘어났다는 신문 기사를 접했다. 지금은 전 세계 각지에서 우리나라에서 수입된 막걸리를 마실 수 있다.

나의 바커스펀드도 아리아드네처럼 내 곁을 떠나갔다. 어렵사리 펀드가 세상에 나왔으나 당시 얼어붙은 투자심리로 펀드에 투자자금이 많이 모이지 않았다. 일본, 영국, 네덜란드, 러시아, 프랑스, 필리핀 등 다양한 나라의 기업에 투자하며 운용을 시작했으나, 결국 운용한 지 1년도 되지 못해 펀드는 해지되어 역사 속으로 사라졌다. 하지만 밤하늘의 왕관자리처럼 바커스펀드는 내 가슴속에 영원히 밝게 빛나고 있다.

바커스펀드를 떠나보내고 두 번째로 직접 운용한 펀드는 아시아의 소비재 기업에 투자하는 아시아 컨슈머펀드였다. 펀드의 성과는 2년 6개월간 +56.2%로 벤치마크 수익률 -6.9% 대비 우수한 성과를 보였다. 어느 날 운용 성과를 블룸버그 화면에서 조회하니 수익률이 전 세계의 600 여개의 아시아 투자 펀드 중 1등을 하고 있었다. 1등을 했다는 사실보다는 직접 운용을 할 수 있다고 설득을 해오며 지내온 3년간의 내 생각이 허황된 것이 아니었음을 보일 수 있어 기뻤다.

오래전 우리 아버지 세대가 우리도 자동차를 만들 수 있고, 배를 만들 수 있고, 철을 생산할 수 있다고 도전하지 않았다면 지금의 우리는 없을 것이다. 지금은 너무 당연한 이런 생산능력을 당시에는 무모하고 불가능한 일이라고 여겼던 이들도 많을 것이다. 지금 K-POP을 중심으로 많은 우리나라 문화가 전 세계인의 사랑을 받듯이 우리나라의 펀드매니저가 전 세계를 누비며 호령하는 날이 곧 올 거라 믿는다.

CFA, FRM 10년 걸리다

금융업계에는 다른 산업에 비해 자격증의 수가 참 많다. 은행, 증권, 보험업 종사자 모두 이런저런 자격증 공부를 많이 한다. 학생들에게 그리고 금융업에 입문한 사회 초년생들에 꼭 권하고 싶은 자격증은 CFA, FRM과 같은 국제 금융 자격증이다.

CFA Chartered Financial Analyst는 공인 재무분석사라 불리는 시험으로 미국 CFA Institute에서 시행하고 있는 증권금융, 재무관리 분야의 최고 자격시험이다. 세계 150개국 19만 명의 CFA가 활동하고 우리나라에는 1,200명이 넘는 CFA가 활동하고 있다. 총 3차에 걸친 시험으로 일반적으로 3년이 소요된다.

FRM Financial Risk Manager은 재무위험 관리사로 불리는 자격증으로 미국 GARP에서 주관하고 재무 위험관리 분야 최고의 자격증이라고 할 수 있다. 총 2차에 걸친 시험으로 통상 2년이 소요된다.

CFA가 활동하는 분야는 매우 광범위하다. 애널리스트, 펀드매니저, PB Private Banker, 기업의 재무 전문가 등 다양한 분야에서 활동한다. 특히 기업가치 분석, 주식, 채권, 부동산 등의 투자 업무에 있어 CFA 자격증은 매우 중요하다. FRM은 금융기관이나 기업에서 발생하는 여러 가지 금융 위험을 분석하여 리스크를 관리한다.

CFA, FRM을 함께 취득하면 투자뿐만 아니라 리스트 관리 측면에서도 금융시장을 볼 수 있는 안목을 가질 수 있다. 축구에서 공격과 수비를 겸할 수 있는 만능 플레이어인 셈이다. 하지만 시험공부에 쏟아부어야 하는 절대적인 시간이 많다는 점과 시험 응시에 100만 원이 넘는 부담스러운 비용을 든다는 점이 도전을 주저하게 만들기도 한다.

일반적으로 3년이 소요되는 CFA 시험에 내 경우엔 3차 최종 합격까지 무려 12년이 걸렸다. 경제학과를 졸업하고 금융업에 종사하는 사람으로서는 다소 창피한 이야기이다. 하지만 20대 젊은이들이 나와 같이 시간을 낭비하지 말기를 바라는 마음으로 이 부끄러운 과정들을 잠시 풀어놓으려 한다.

CFA 그 시작은 다소 즉흥적이었다. 학교를 졸업하고 은행에 취직하여 1년 정도 지나 행장님과 입행 동기 30명이 함께 저녁을 먹는 자리가 있었다.

"앞으로 금융시장은 더 전문화될 것입니다. 은행의 PB들도 CFA 같은 자격증을 취득해서 전문성을 키워 나갈 겁니다……"

행장님과의 저녁 식사는 수많은 이야기가 오가면서 유쾌하게 끝이 났다. 그리곤 입행 동기끼리 무교동 골목 선술집에 둘러앉아 각자의 지점 생활 이야기로 밤늦도록 이야기꽃을 피우고 있었다. 술에 취한 듯 뭔가 골똘히 생각하던 상완이가 외쳤다.

"얘들아! 우리 CFA 자격증 따자!"

순간 정적이 흘렀다.

"야! 너 취했어? 그 시험 겁나 어려워. 너 장가가야지! 그거 하면 데이트할 시간도 없어!"

곧 결혼을 앞둔 승제가 받아쳤다.

"CFA는 무리야! 매일 지점에서 야근에 주말 출근인데 공부할 시간이 어디 있어?"

입행 2년 사이 일에 녹초가 되어버린 운성이가 고개를 저었다. 그런 부정적인 의견을 깬 것은 재명이었다.

"그래도 한번 해보자! 행장님도 독려하시고, 회사에서 학원비도 지원해 준다고 하잖아. 뭐 남들도 하는데 우리라고 못 하겠어? 안 그래? 재현이 형!"

그때 왜 재명이가 아무 말 없이 맥주를 마시던 날 지목했을까? 시원한 맥주를 음미하며 잔을 놓자 다들 나를 물끄러미 바라보고 있었다.

"그래! 하자! 이때 아니면 언제 하겠냐!"

이게 시작이었다. 12년이라는 기나긴 여정의 시작.

상완, 재명과 함께 주말이면 어김없이 학원에 가서 수업을 들으며 공부했다. 정확히 말하면 2005년 첫해는 수업만 들었다. 업무에 치인다는 핑계로 수업만 들을 뿐 따로 시간을 내어 공부하지 못했다. 시험 당일 아침 9시부터 5시까지 시험시간은 실로 괴로웠다. 시험장에서 문제의 반도 못 풀고 나왔다.

2006년 난 6개월간 해외 주재원으로 베트남에 가게 되었다. 내 짐 속에는 CFA 교재가 수북이 들어있었다. 머나먼 타국 땅, 열대의 남국에서 초연히 뜬 초승달을 바라보며 공부하는 삼십 대 초반의 휑한 가슴을 이해하는가! 베트남 사람들 속에서 이방인으로 치른 두 번째 시험의 결과! 불합격이었다. 집중해서 공부해도 모자랄 판에 내 마음속은 온갖 잡념으로 소용돌이쳤다. '내가 지금 여기까지 와서 뭐 하는 거지?' 이런 잡념이 내 반복되는 실패의 원인이었다. CFA를 시작한 이상 다른 생각 없이 매진해야 함을 그때는 몰랐다.

2007년 은행을 떠나 자산운용사로 이직하였다. 2번의 실패를 교훈 삼아 악착같이 공부했는데 시험을 한 달여 앞두고 직장을 옮겨 마음 상태가 불안정했다. 새 업무를 익히고 회사에 적응하느라 집에 오는 시간은 밤 10시가 넘기 일쑤였다. 더군다나 보통 시험 전 일주일 정도 휴가를 내서 마지막 정리를 하는데, 회사를 옮긴 터라 휴가를 내기가 쉽지 않았다. 사정 이야기하고 3일 정도 휴가를 신청했으나 단 하루만 휴가를 승인해 주었다. 3번째 도전하는 1차 시험! 결과는 합격이었다. 날아갈 듯이 기뻤다.

아마 이때 불합격했다면 CFA 시험과 영원한 작별을 했을 것이다. 이후 매번 2차 시험에 떨어질 때면 '차라리 1차 시험에 떨어졌더라면'이라고까지 생각했었다.

2차 시험! 나름 열심히 했다. 당시 내가 다니던 운용사에서는 사택을 직원들에게 빌려주었다. 방 3개짜리 아파트에 직원 3명이 지낼 수 있었다. 지금 생각해도 열심히 했었다. 단지 내에 주민을 위한 독서실이 있었다. 퇴근하면 피곤함도 잊은 채 곧장 독서실로 향했다. 그런데 이상하게 2차 시험은 내게 쉽게 열리지 않았다. 2008년, 2009년, 2010년. 세 차례 모두 떨어졌다. 이젠 창피해서 주변에 CFA 공부한다는 말을 꺼낼 수조차 없었다. 지금 생각해 보면 2차 시험의 수준은 단순 암기가 아닌 확실한 이해를 바탕으로 전체 개념을 파악하고 있어야 했다. 실은 그때 공부한 2차 과목들의 내용들은 실제 펀드 운용에 커다란 도움이 되었다. 특히 독자적인 퀀트운용 모형을 완성하는 데 중요한 밑거름이 되었다. 3번의 낙방. 잠시 CFA를 잊기로 했다.

  그러던 2011년 가을, 내 신변에 변화들이 생겼다. 회사를 금융 공기관으로 옮겼고, 결혼하여 아들 태윤이가 엄마 뱃속에서 자라고 있었다. 2012년을 맞이하며 CFA 재응시를 준비했다. 하지만 너무 급한 탓일까 또다시 떨어졌다. 아들이 태어나고 행복한 시간을 보내며 2013년 마지막이라는 심경으로 시험 준비를 하였다. 아직도 주말이면 아장아장 걷는 아들을 두고 도서관으로 향하던 무거웠던 발걸음이 기억난다. 2013년 6월, 무려 다섯 번째 응시! 합격했다.

  이제 3차 시험을 위해 박차를 가하자고 굳게 다짐했다. 그런데 2013년 10월 생각지도 못한 실직을 했다. 전문 계약직으로 근무하던 금융 공기관에서 근무한 지 2년이 되는 하루 전날, 계약 연장을 한지 않는다고 통지했다. 곧 직장을 가질 거란 생각은 현실과 사뭇 달랐다. 실직에 대한 상처와 미래에 대한 불안감, 가장으로서의 자괴감. 그 상황에서 CFA 공부를 한다는 건 말처럼 쉽지 않았다. 실직 전 시험 등록을 해놓았기에 억지로 끌려가듯 준비한 시험. 결과는 당연히 불합격이었다. 기나긴 실직은 1년 4개월간 지속되었다. 기나긴 환난의 시간이 지나고 하나님의 인도하심으로 금융기관의 주식운용팀장으로 금융업계로 돌아올 수 있었다.

2016년 마지막으로 CFA를 준비했다. 준비 단계부터 다짐했다. 이번에 떨어지면 CFA 시험은 다시는 쳐다도 보지 않겠다고. 마흔셋의 나이에 공부하는 내가 안쓰러웠는지 회사 동료들은 아낌없는 응원을 해주었다. 개인 사정상 매달 첫째와 셋째 주 주말은 반드시 임해야 하는 일이 있어 책을 전혀 볼 수 없었다. 혼신의 힘을 다한 거 같다. 하지만 시험장에서 난 문제를 다 풀 수 없었다. 에세이를 써야 하는 오전 시험 11문제 중 2문제는 풀지 못했다. 시험장을 나와서 집에 갈 힘이 없었다. 커피 한 잔을 들고 한 시간 정도 벤치에 앉아 절망스러운 마음에 다짐했다. 이젠 끝이다. 다시 안 한다.

몇개월의 시간이 지났다. 시험 결과 발표일 자정이 넘은 시각! 이

메일 편지함에 시험 결과가 도착했다. 하지만 세 시간이 지나도록 열어 볼 수 없었다. 새벽 3시경 달 밝은 밤, 발걸음은 평소 퇴근 후 공부하던 도서관으로 향했다. 벤치에 앉아 물끄러미 핸드폰 속의 메일함을 바라보았다. 메일함을 열었는데 불합격이면 십여 년간의 시간이 물거품이 되는 순간이었다. 중요한 에세이 하나를 아예 공란으로 못 쓰고도 합격할 수 있을까? 깊은 숨을 내쉬고, 마음을 비우고 메일을 열었다.

"Congratulation!"

이렇게 시작하는 메일이었다. 합격이었다. 무려 12년이 걸린 길! 하나님 감사합니다. 수십 번 외쳤다.

CFA를 준비하는 모든 이들에게 꼭 말하고 싶다.

시작했으면 모든 잡념 떨치고, 부담 갖지 말고, 집중해서 시험만 생각하세요. 꼭 합격하십시오.

자격증 취득이 뭔가를 바꿔 주는 거 같지는 않다. 내게는 그랬다. 남들이 말하는 연봉, 승진 등 이런 건 내겐 해당 사항이 없었다. 하지만 확실한 건 전문성을 키우고 내 두 발로 꿋꿋이 서서 앞으로 걸어가는 데 큰 힘이 되어주었다.

다들 3년 안에 꼭 합격해서 12년이나 걸린 그런 고통의 시간을 보내는 이는 다시는 대한민국에 없었으면 좋겠다.

☆☆
이야기 둘,
Asia

아시아개발은행의 PEF 실사!

사모펀드라고 불리는 PEF Private Equity Fund는 애매한 번역으로 종종 의미가 헷갈리는 경우가 있다. PEF는 해당 기업의 주식이 일반에게 공개되지 않았을 때 그 주식을 미리 취득한다. 그리고, 향후에 회사의 가치가 올라갔을 때 주식을 팔아 수익을 내는 투자 방식이다. 대표적인 수익 실현 전략은 해당 회사를 상장시켜 매도하는 것이다. IPO Initial Public Offering라고 불리는 기업 상장을 통해 투자금을 회수하는 것이다. 이렇게 상장된 주식을 소위 Public Equity라 부르고, 그 전에 상장되지 않은 주식을 Private Equity라 부른다.

그런데, 사모펀드는 다른 의미로도 사용된다. 불특정 다수가 가입할 수 있는 펀드를 공모펀드라 부른다. 우리가 통상 은행이나 증권사에 가입하는 펀드들이 공모펀드이다. 반면, 정해진 소수의 가입자만 투자할 수 있는 펀드를 사모펀드 부른다. 왜 이처럼 서로 다른 형식의 펀드를 똑같이 사모펀드라 부르는지 모르겠다.

상장된 주식은 기업의 재무 상태나 중요한 정보들을 공개해야 한다. 이 정보를 가지고 증권사의 애널리스들이 분석보고서를 발간한다. 또한 거래소에 상장이 되어 있으니 누구나 매매가 가능하다. 반면, 비상장주식은 기업의 정보가 공개되어 있지 않고, 상장이 되어 있지 않아 아무나 매매할 수가 없다. 이런 기업을 직접 방문하여 경영진과의 협상을 통해 주식의 가격을 결정하여 매입하는 과정이 PEF의 펀드매니저가 하는 일이다.

PEF에서 펀드매니저로 근무한 적이 있다. 조세회피지역인 말레이시아 라부안에 설정된 해외 PEF였다. 투자 대상이 아시아 지역의 신재생에너지 기업에 투자하는 펀드로 아시아개발은행ADB이 출자한 펀드였다. 부임하고 며칠 지나자, 투자자인 아시아개발은행에서 열흘 후에 실사를 오니 준비를 하라는 전달을 받았다. 실사라는 것은 DD Due Diligence라 불리는 절차로 해당 펀드의 운용을 잘할 수 있는지 투자자가 직접 방문하여 점검하는 절차이다. 아직 업무를 파악하지도 못했는데 부임하자마자 실사를 온다니 당혹스러웠다. 부리나케 밤샘 작업을 해서 아시아개발은행의 PEF 팀장에게 3시간 정도의 실사 일정을 작성하여 보냈다. 이메일을 보낸 지 몇 시간 지나 낯선 목소리의 국제전화가 걸려 왔다.

"ADB의 PEF 헤드입니다. 제게 이메일 보내신 염 팀장이십니까?"

깍듯한 목소리로 그렇다고 대답하자, 갑자기 화가 잔뜩 난 목소리가 들려왔다.

"지금 이 스케줄 뭡니까? 펀드가 설정된 지 2년이 지나도록 투자를 한 건도 진행 못 해서 펀드 없앨지 결정하러 가는 실사인데……. 우리가 바빠서 하루만 한국에 머무는 겁니다. 사흘간 해도 모자를 판에 3시간짜리 일정이 말이 됩니까? 실사 일정 다시 짜서 알려주세요"

수화기로 너머로 들려오는 이야기를 믿을 수 없었다. 통화를 마치고 부리나케 펀드 관계자에게 자초지종을 물어봤다. ADB 헤드의 말이 맞았다. 해당 펀드를 열심히 운용하겠다고 투자계획을 세워 공개경쟁에서 세계 여러 나라 유수의 PEF를 제치고 자금을 받아냈다. 그런데 2년간 계획대로 투자를 진행하지 못하자, 투자를 이끌어낼 시장전문가를 뽑으라는 ADB의 지시에 뽑은 사람이 나라는 것이었다. 이러한 사실을 채용 과정에서 내겐 알려주지 않았다. 그뿐만 아니라 출근을 해서 며칠이 지나는 동안 ADB가 펀드를 없앨지 결정하러 온다고 누구도 내게 말해주지 않았다. 천연덕스럽게 실사 준비를 하라고

만 말해주었을 뿐이었다. 중요한 사실은 나는 상장주식을 투자하는 Public Equity 전문가이지 Private Equity 전문가가 아니었다. 그런 내게 없애려고 하는 펀드를 방어해야 하는 책임이 주어진 것이었다. 회사 관계자에게 화도 났지만 어쩔 도리가 없었다. 당장 닥친 일을 해결해야만 했다. 실사는 이른 아침부터 늦은 저녁까지 이루어진 스케줄로 다시 조정했다.

　아시아개발은행의 실사단은 총 3명이었다. 한국 국적의 헤드, 프랑스계 캐나다인, 인도인이 방문하였다. 사전 조사를 해보니 한국인 헤드는 칼 같이 냉철한 성격의 소유자였다. 한국인으로 ADB의 헤드 자리까지 올라간 입지전적인 인물이었다. 캐나다인은 미국의 명문 아이비리그 대학을 수석 졸업한 수재로 4개 국어에 능통했다. 인도 직원은 성격이 까탈스러워 질문을 수도 없이 퍼붓는 성격의 소유자였다. 2년 동안 투자를 못 하고 있는 펀드에 기분이 언짢은 그들의 마음을 누그러뜨려야 했다. 방문을 환영한다는 안내문을 크게 빌딩 입구와 사무실 입구, 심지어 엘리베이터 전광판에도 표시했다. 그들은 업무가 시작되기 전인 8시경 사무실에 도착했다. 정돈되지 않은 사무실을 여기저기 둘러보고는 모닝커피와 함께 가벼운 이야기를 나누었다. 공식적인 실사 전이라고 말하며 나누는 그들과의 대화에도 긴장감을 감출 수 없었다. 본격적인 실사가 시작되고 펀드의 투자계획, 운용 방안 등에 대한 발표를 하며 오전 시간이 흘러갔다. 그들과의 점심시간도 실사의 일부였다. 캐나다인은 채식주의자였고, 인도인은 소고기를 먹지 않았다. 그들의 취향까지 미리 파악하고 점심 식당을 예약했다. 점심을 하며 그들의 가벼운 질문에 일일이 답하느라 점심을 거의 먹지 못했다. 오후에 본격적인 실사가 시작되었다. 작은 방에서 실사단 3명과의 면담이 이루어졌다. 내가 펀드 운용의 적임자인지 평가하는 일종의 면접이었다.

"본인이 이 PEF 운용의 적임자인지를 태어나서 자란 환경부터 학창 시절, 그리고 직장 경력까지 상세히 말씀해 주세요."

나를 바라보는 3명의 눈빛은 마치 사냥나온 굶주린 맹수처럼 이글거렸다. 내가 어디서 태어나서 유년 시절을 보냈는지, 중고등학교 생활은 어떠했는지 일일이 말했다. 내 말을 끝까지 듣는 분위기는 아니었다. 중간중간 그들이 궁금한 점을 질문하느라 내 말은 중간중간 끊겼다. 내가 대학을 재수했다고 하자 캐나다인은 왜 재수를 했냐고 물었다. 결국 한국의 대학 입시 시스템에 대해 상세히 설명해야 했다. 실사는 무척이나 힘난했다. 꼬리에 꼬리를 무는 질문에 답해야 했다. 많은 질문과 답을 이어가다 대학에서 경제학과에 입학했다고 하자 어김없이 왜 경제학과에 지원했냐는 질문을 던졌다.

실은 난 경제학과에 관심이 없었다. 외교관이 꿈이라 정치외교학과에 지원했으나 대학에 떨어졌다. 재수 후 대학에 지원할 때 고등학교 은사님께서 집안의 맏아들이니 취직이 잘 되는 경영학과나 경제학과에 지원하라 조언하셨다. 당시는 대학에 먼저 지원하고 시험을 보는 제도였다. 입학원서 접수 마지막 날에 접수처로 가면 마감 직전까지의 경쟁률을 공개했다. 경제학과의 경쟁률이 경영학과보다 조금 낮았다. 그래서 경제학과에 지원했고 감사하게도 합격했다. 이런 이야기를 진지하게 하는 동안 실사단의 눈빛은 여전히 싸늘했다.

"그래서, 실은 난 경제학을 좋아하지 않았습니다. So, actually I hated Economics."

이 한마디를 진지하게 하고 다음 말을 이어 가려는데 갑자기 캐나다인이 박장대소를 하며 웃기 시작했다. 웃음을 멈추지 못하더니 거의 숨을 못 쉴 정도로 웃었다. 질의응답을 더 이상 진행하지 못할 정도로 그녀는 눈물까지 흘리면서 웃었다. 경제학을 싫어했다는 말이 그토록 웃긴 말이었는지 지금도 모르겠다. 아마 4개 국어에 능통한 명문대학을 수석으로 졸업한 이에게 전공을 싫어했다는 말은 아마도 고급 유머로 들렸던 것 같다. 더 이상 진행이 어렵다고 느꼈는지 아시아개발은행의 PEF 헤드는 시간이 한참 남았는데도 마지막 질문이라며 내가 왜 이 PEF의 적임자인지 말해보라 했다. 잠시 망설이다 솔직히 답했다.

"저는 이 펀드의 적임자가 아닙니다. 제가 가지고 있는 경력은 상장주식 운용이고, 전 세계 상장주식을 운용하는 데에는 감히 일인자라고 말할 수 있습니다. 하지만 PEF를 운용한 경험은 없습니다. 다만 상장주식을 운용했던 투자 지식과 경험을 활용해서 기존에 운용하던 방식과는 다른 접근법으로 PEF를 운용해 나가겠습니다."

이렇게 긴장된 면접이 끝났다. 나중에 안 사실이지만 내가 만일 그 자리에서 내가 적임자라고 주장했다면 펀드를 청산하려 했다고 ADB의 헤드가 말해주었다. 헤어지면서 웃음을 참지 못하던 캐나다인은 내게 정말 재미있는 사람이라며 포옹까지 해주고 떠나갔다. 이렇게 힘겨운 실사는 끝이 났고, 다행히도 펀드를 살려냈다. 이때 실사를 받아본 경험은 나중에 내가 실사를 가는 입장이 되었을 때 외국 운용사를 철저히 실사할 수 있는 좋은 경험이 되었다. 지금도 그녀가 왜 그다지 숨을 못 쉬도록 웃었는지 궁금하다. 이름도 잊힌 그녀와 언젠가 마주치게 되면 묻고 싶다. 어떤 면이 그다지도 유머가 넘쳐나게 느껴졌냐고…….

소주 한잔에 담긴 가슴 아픈 역사

　우리나라 성인은 1년에 소주 52병, 맥주 82병 정도를 마신다고 한다. 와인, 위스키 등 다양한 술 중에서 대한민국을 대표하는 술은 소주가 아닐까? 삶의 순간마다 소주는 우리 곁에 함께 있었던 것 같다. 대학 신입생 환영회 때 흑석동 골목의 돼지갈빗집에서 건배를 외칠 때 소주잔이 옆에 있었다. 입대를 앞두고 정든 이들을 잠시 떠나야 하는 날이 다가올 때, 소주잔을 함께 기울이며 젊은 날의 제1막을 정리하였다. 그녀가 떠나가던 날 친구들과 둘러앉아 하염없이 흘러내리는 눈물을 소주 한잔에 삼켜버렸다. 쓰디쓴 그럼에도 달콤한 소주 한잔엔 우리네 삶이 투영된 듯하다.

그런데 소주의 기원은 어느 나라일까? 대부분 당연히 우리나라라고 생각한다. 중국이나 일본이라고 답하는 이들도 있다. 그런데 소주의 기원은 의아하게도 튀르키예이다. 튀르키예의 증류주인 아라크Arak가 소주의 기원이다. 과거 몽골의 징기즈칸 부대가 아랍 지역으로 쳐들어가 증류주를 접하게 된다. 그 맛에 반한 몽골인이 증류 기술을 익혀 아랑주라 부르며 군대 주둔지마다 양조장을 만들었다. 우리나라의 아픈 역사의 한 페이지인 몽골 침입 시절 그들의 주둔지가 다름 아닌 개성, 안동, 제주도였다. 쌀을 발효시킨 후 증류하여 만든 안동소주의 깊은 향에는 먼 옛날 우리 조상들의 아픔이 깊게 배어있는 것이다.

소주의 아픔은 여기서 끝나지 않는다. 지금 우리가 즐겨 마시는 희석식 소주는 일제 강점기 일본에서 들어온 제조 방식이다. 고구마, 카사바, 타피오카 같은 전분이 있는 작물을 발효시킨 후 연속 증류하여 주정을 만든다. 95%의 높은 도수의 에탄올인 주정에 감미료와 물을 넣어 알코올 도수를 낮춘 것이 희석식 소주이다. 해방 이후에도 쌀로 술을 만드는 것은 엄격히 금지되었다. 1964년 양곡관리법이 제정되어 쌀 대신에 고구마 또는 옥수수를 재료로 만든 주정을 희석한 소주가 시장의 대부분을 차지하였다.

소주 한잔 속에 우리네 삶의 애환이 묻어 나는 건 그 향기 속에 먼 옛날 고려시대와 조선시대의 끝자락을 버티고 지내 온 선조들의 애환이 담겨 있어서는 아닐까?

우리나라에서 주정을 만드는 9곳이 있다. 이중 상장회사는 창해에탄올, 진로발효, 풍국주정, MH에탄올, 한국알콜 총 5개 회사이다. 주정 산업은 대한주정판매회사라는 총판 역할을 하는 도매상을 두고 있는 독특한 구조로 되어 있다. 주정업체가 주정을 만들면 주류회사와 직접 거래하지 않고 대한주정판매에 일괄 납품한다. 매년 초 한국주류산업협회와 대한주정판매가 필요한 수량을 예측하고 협의해서 각 주정업체에 만들 수량을 지정해 준다.

우리나라의 대표적인 주정 회사와 관련하여 캄보디아를 방문한 적이 있었다. 아시아의 신재생에너지 회사에 투자하는 Private Equity의 투자총괄로 근무할 때 일이다. 주정의 원료이자 바이오에탄올의 원료인 카사바를 재배하는 농장에 투자를 위한 현지실사를 떠났다. 캄보디아는 입국 시 비자를 받아야 하는 나라였다. 그런데 투자를 위해 도착한 우리가 공항에 도착하자 간 곳은 입국심사대가 아닌 VIP 응접실이었다. 잠시 후 어떤 사람이 오더니 우리 일행들의 여권을 수거해갔다. 우리를 마중 나온 업체 관계자와 차를 마시며 이야기를 나누는 동안 우리의 여권에는 비자가 찍혀 있었다. 우리는 입국심사 없이 준비된 차를 타고 시내로 향했다. 이런 일이 처음이라 당혹스럽기까지 했다. 정부 고위급 인사도 아닌 투자를 위해 방문한 우리에게는 너무나 신기한 경험이었다. 그 한국 업체가 캄보디아에서의 위상이 높

앉던 건지, 소위 높은 사람들은 원래 이런 대접을 받고 살아온 거였는지 알 수 없었다. 다만 이런 상황이 신기할 따름이었다.

우리 일행은 어느 넓은 농장으로 향했다. 농장 안에 자리 잡은 사무실에는 피부가 검게 그을린 중년의 한국 사장이 있었다. 한눈에도 그가 이곳에 온 열정을 쏟아붓고 있음을 느낄 수 있었다. 그를 따라 트럭을 타고 농장 이곳저곳을 돌아다녔다. 여의도의 몇십 배가 넘는 면적에서 카사바를 재배하고 수확을 하여 바이오에탄올의 연료를 만든다는 사업계획을 들었다. 노동자를 위해 학교를 짓고, 새로 개발한 영농기법으로 기존의 수확량을 3배 이상 늘일 수 있다고 설명했다.

PEF는 회사의 성장 초기에 투자한다. 현재에는 이렇다 할 매출와 이익을 내지 못하는 회사가 대부분이다. 점차 회사가 성장하여 이익을 창출하고, 수년 뒤 증권거래소 상장하여 투자 원금의 몇 배가 넘는 고수익을 추구한다. 그러다 보니 현재 투자시점에서 미래의 가치를 추정하는 것은 많은 가정을 기반으로 한다. 카사바 농장을 살펴본 후 두 가지 면에 의구심이 들었다. 첫째, 3배 이상의 수확을 낸다는 영농기법을 검증할 방법이 없었다. 둘째, 여의도의 몇십 배에 달하는 면적에 재배하고 있는 것이 아니고 앞으로 하겠다는 계획이었다. 결국 3박 4일간의 실사 끝에 투자하지 않기로 했다.

이렇듯 PEF는 투자 판단에 여러 가정이 들어갈 뿐만 아니라 수익이 나기까지 상당히 오랜 시간이 소요된다. 그래서 열 배가 넘는 수익을 시현하기도 하지만 투자한 원금조차 회수하지 못하는 경우도 많이 발생한다. 그래서 현재 우리나라의 일부 금융기관에서 자산 배분을 할 때 대체투자의 비중이 지나치게 높은 것은 경계해야 한다. 대체투자는 가격이 매일매일 공개되지 않는다. 반면 주식이나 채권 같은 전통 자산은 매일 그 자산의 가격이 평가를 받는다. 그러다 보니 일부 공기관에서는 시장 변동에 노출되는 것에 부담을 느껴 대체투자를 속 편한 투자로 여기는 경향마저 있다. 일본 공적 연기금의 자산 배분에는 대체투자라는 항목이 없다. 자산 배분은 명료하게 국내 주식 25%, 해외 주식 25%, 국내 채권 25%, 해외 채권 25%로 되어 있다. 대체투자는 참고사항에 작게 명기되어 있다. 대체라는 말처럼 주된 투자로 여기지 않는 것 같다.

지난날 내가 방문했던 회사의 캄보디아 사업이 어떻게 되었는지는 잘 모른다. 아니 일부러 관심을 가지지 않았는지도 모르겠다. 내 딴에는 나름 투자자로서 냉철히 판단을 내렸다고 생각했다. 하지만, 타국 땅에서 구슬땀을 흘리던 회사 대표의 열정을 보고도 발길을 돌릴 수밖에 없는 내 마음이 편치 않았다. 한 치 앞의 내일 일도 모르는 사람이 투자의 성공 여부를 어찌 미리 판단할 수 있겠는가? 투자라는 세계는 내게 언제나 큰 짐으로 다가온다.

용서와 화해의 새 날을 기다리며

내게 일본 하면 가장 먼저 떠오르는 것이 우동이다. 22살 때 이사를 온 분당 구미동에서 16년을 지냈다. 근처에 야마다야(山田家)라는 단골 우동집 있다. 전통 사누끼 우동 맛이 생각날 때면 요즘도 가족들과 자주 들른다. 담백하고 따뜻한 국물 맛이 좋고, 수타면 특유의 쫄깃한 면발이 좋다.

나는 일본 음식을 좋아한다. 우동뿐만 아니라 군만두, 초밥, 라면 등 많은 일본 음식을 좋아한다. 일본 노래도 좋아한다. X-Japan의 Endless rain은 애창곡 중 하나이다. 이와이 슌지(岩井俊二) 감독의 일본 영화 '러브 레터'는 최소 다섯 번 이상 본 거 같다. 작가 구리 료헤

이(栗良平)의 단편소설 '우동 한 그릇'은 아마 내 나이만큼 읽었던 거 같다. 내가 우동을 좋아하는 건 이 소설에서 받은 따뜻함 때문이 아니었을까?

그런데 '일본을 좋아한다'라고 말하려고 하면 가슴속에 해소되지 않는 무언가가 자리 잡고 있다. 해외투자를 하면서는 이러한 불편함에서 자유로우리라 생각했다. 그런데 몇 년 전 신문에서 국회의원이 국민연금의 일본 전범 기업 투자에 대해 비판한 기사를 보았다. 처음 기사를 접했을 때는 단순히 투자자의 입장에서 생각했다. 투자는 냉철한 판단으로 해당 기업에 투자하여 수익을 낼 수 있는지 여부가 가장 중요한 투자의 근거이다. 그런데 이상하게도 그 기사를 접한 이후 전범 기업이라는 단어가 내내 머릿속에서 떠나가지 않았다. 전범국가라는 개념은 자리 잡고 있었으나, 해외주식을 투자하는 사람으로서 부끄럽게도 전범 기업에 대해서는 아는 게 별로 없었다. 그리고 몇 년이 지나 배우 송혜교 씨가 일본 기업 미쓰비시 광고모델 제의를 거절하면서 건넨 한마디는 가슴속에 강한 울림을 주었다.

"전범 기업이라 거절했다. 고민할 이유가 없는 사안이었다."

나 자신이 부끄러웠다. 남들 앞에서는 투자전문가라 행세했지만 정작 미쓰비시가 전범 기업인지 몰랐다.

전범 기업은 전쟁 당시 적극적으로 군납 물품을 제조했거나 식민지 국민들을 강제 징용하여 막대한 이익을 얻고, 전쟁 범죄행위에 적극 가담하여 이를 기반으로 성장한 기업을 말한다.

2012년 8월 대한민국 국무총리실은 일제강점기 강제 동원에 관여한 1,493개 기업 중 현존하는 299개 기업을 전범 기업으로 확정했다. 일제는 1939년 7월 국가총동원법을 제정해 한반도에 거주하는 기능공들을 일본으로 이주시켰고, 태평양 전쟁의 패색이 짙은 1944년 8월 기능공과 상관없이 조선인의 강제노역을 합법화했다.

대표적인 전범 기업으로 꼽히는 곳은 일본 최대 재벌인 미쓰비시(三菱) Mitsubishi이다. 1870년 창업자인 이와사키 야타로가 반란군을 제압한 공으로 정부로부터 나가사키 조선소를 넘겨받으면서 미쓰비시를 설립했다. 기업의 태생부터 미쓰비시는 일본 정부와 깊은 정경유착을 해왔다. 미쓰비시 중공업은 일본 군수 물품 제작의 산실 역할을 했다. 2017년에 개봉한 영화 『군함도』에도 미쓰비시의 만행이 드러난다. 미쓰비시는 1890년 조그만 섬을 사들여 탄광을 개발했다. 지하 1km가 넘는 곳에 있는 탄광 안은 좁고 온도가 45℃를 넘는 데다 유독가스 또한 수시로 분출되는 악조건의 작업 현장이었다. 이곳에 조선인을 대거 징용해 강제 노역을 시켰다. 수많은 조선인이 영문도 모른 채 이곳에 끌려와 고통 속에서 죽어갔다. 미쓰비시는 '식민지 조선인 징용은 합법'인 만큼 사과나 보상의 대상이 아니라고 선을 그었다. 사람을 마음대로 끌고 와 정당한 숙식과 급여를 제공하지 않은 것이 합법이라는 기업의 윤리의식은 무엇일까? 미쓰비시 계열사로 우리에게 카메라로 익숙한 니콘이 있다. 또한 국내에서 활발히 영업 중인 기린 맥주도 미쓰비시 계열사이다.

미쓰이(三井) Mitsui는 미쓰이 광산에서 석탄을 채굴하며 조선인을 강제 징용해 노역시켰다. 미쓰이 그룹의 계열사로 삿포로 맥주가 있다.

스미토모(住友) Sumitomo는 일본, 조선, 중국, 만주, 태평양 섬 등에 산재한 120여 곳 사업장에서 조선인을 징용해 노동력을 착취했다. 아사히 맥주가 스미토모의 계열사이다. 2016년 일본 국세청에 따르면 한국에 수출한 일본 맥주는 48억 엔(약 430억원)으로 전체 일본 맥주 수출의 56%나 차지했고, 2017년에는 60%까지 증가했다. 2023년 우리나라에 일본 맥주 5,551만 달러(약 770억 원)가 수입되어 전체 수입 맥주 중 25%를 차지했다.

닛산과 마쓰다 자동차는 지프, 트럭 등 군용차량을 일본군에게 납품했다. 우리에게 캐러멜로 유명한 모리나가(森永) Morinaga는 일본군 전투식량을 대량으로 제공하였다.

파나소닉의 옛 사명은 마쓰시타 전기였다. 마쓰시타 고노스케가 설립한 이 회사는 조선인을 강제 동원해 노동시켰다. 파나소닉은 현재까지 일본 우파를 육성해 더 크게 문제가 된다.

후지코시는 도야마 공장에 근로정신대라는 명목으로 조선의 10대 소녀들을 데려가 하루 10시간 이상 작업시키고도 빵조각으로 연명하게 했고 임금도 지급하지 않았다.

스바루의 전신인 후지 중공업은 2차 세계 대전 당시 전투기를 납품했다. 닛산, 토요타, 마쓰다 등 대부분 자동차 제조사가 전쟁에 협력한 역사를 지니고 있다. 하지만 전후에 설립한 혼다와 소니 등은 전범 기업과 무관하다.

전범 기업의 강제노역과 관련해 일본 정부의 입장은 달라진 게 없다. 일본 정부는 2013년 11월 공식적으로 "한국 대법원에서 징용 피해자 배상 판결이 확정될 경우 국제사법재판소 제소 등의 법적 조치를 취하겠다. 해당 일본기업인 미쓰비시중공업은 배상에 응하지 말라"고 밝혔다.

―❦―

자산운용사의 글로벌운용본부장으로 일할 때 만든 첫 해외펀드가 『글로벌 마켓리더 ESG 펀드』였다. 전 세계에서 시장을 선도하는 우량 기업에 투자하는 펀드였다. ESG의 사회책임투자 철학에 따라 일본 전범 기업을 투자 대상에서 제외하는 펀드를 출시하여 운용하였다. 일본 주식의 비중은 미국 다음으로 높았다. 하지만 일본 전범 기업은 투자하지 않았다. 전범 기업을 구분해 내는 일은 말처럼 쉽지 않았다. 먼저 국무총리실에서 발표한 자료에는 상장기업인지 비상장기업인지에 대한 구분이 없었다. 더군다나 입수한 자료에는 일본 기업명이 대부분 한글로 되어 있었다. 결국 우리말 발음에 근거하여 일본어나 영어로 기업명을 일일이 유추해 나갔다. 투자업계에서 통용되는 국제 증권 식별 번호 ISIN을 국무총리실 발표 자료에서는 알 수 없었다. 결국 직접 회사 홈페이지를 들어가 하나씩 기업명을 대조해 나갔다. 직원들과 머리를 싸매며 연구한 작업 끝에 일본 주식시장에 상장된 전범 기업 리스트를 만들 수 있었다.

일본 전범 기업에 대한 투자 배제를 실제로 접목하기는 쉽지 않았다. 대표적인 예가 미쓰비시 연필이다. 미쓰비시 연필은 전범 기업인 미쓰비시와 이름은 같으나 서로 관련이 없는 기업이다. 미쓰비시의 회사 로고인 세 개의 다이아몬드 마크도 미쓰비시 연필이 먼저 사용했다. 미쓰비시 연필도 미쓰비시그룹과 같은 상호를 사용하고 있을 뿐 연관이 없다고 밝히고 있다. 이러한 사실은 열심히 조사해야만 알 수 있다. 일반적인 경우 당연히 상호가 같으면 계열사로 여긴다.

일본이 패망한 1945년 이후에 설립한 일본 기업은 당연히 전범 기업으로 보지 않는다. 그럼, 전범 기업이 1960년에 세운 자회사는 전범 기업으로 봐야 할까? 1970년에 설립한 회사가 사업이 번창하여 전범 기업을 흡수 합병하면 전범 기업의 범주에 넣어야 할까? 판단이 쉽지 않았다. 지금 와서 전범 기업 논하는 게 의미가 있을까도 싶었다. 하지만 전범 기업을 구분하고 기억하는 일이 단지 저들의 과오를 지적하고 책임을 묻기 위한 행동은 아니다. 전범 기업에 의해 피해를 받은 분들은 바로 우리들의 할아버지이고 할머니이시다. 우리가 기억하지 않으면 누가 그 고통을 기억하겠는가! 잘못을 저지른 이는 끝까지 사실을 부정하고 기억에서 지우려 애쓸 것이다. 이는 인간이 지닌 본성이다. 우리도 비슷한 상황이었다면 별반 다르지 않을 것이다. 전범 기업이 저지른 과오는 우리가 기억하고 지켜야 하는 역사의 사실이다. 상대방이 어떻게 나오던 지속적으로 저들에게 이야기하고 사과와 화해를 위해 나아가는 길이 바로 피해를 본 우리가 짊어지고 가야 할 소명인 것이다.

과연 다른 나라의 전범 기업들도 이처럼 역사를 부인하고 은폐하려 할까?

독일 정부와 기업들은 일본과 전혀 다른 태도를 보였다. 독일 정부는 과거 나치 정권의 잘못을 인정하고 사죄함으로 과거 전쟁범죄를 일으킨 나치와 근본적으로 다름을 인정받았다. 유럽에서 누구도 독일인을 전쟁을 일으킨 나치와 동일시하지 않는다. 우리가 친일파 매국

노 이완용을 우리라고 보지 않듯 독일인들도 전범 히틀러를 우리라는 범주로 보지 않는다.

우리가 아는 많은 독일기업이 전범 기업이지만 우리는 더 이상 그들의 행위를 지금까지 결부시키지 않는다. 그들은 용기 있는 사죄와 반성을 통해 자유를 얻은 것이다.

바이엘 Bayer은 아우슈비츠에서 유대인과 집시 등을 상대로 병리학을 이용한 잔혹한 생체실험과 약물 임상실험 만행을 저질렀다. 도이체방크 Deutche Bank는 나치의 횡포 탓에 압수당한 유대인의 재산을 보관하였고, 전쟁 예산을 책정하였다. 루프트한자 Lufthansa는 독일군 항공기 파일럿을 양성하는 일을 하였다. 우리에게 익숙한 메르세데스 벤츠, 아우디, 포르쉐 등 자동차 제조회사는 전차용 가솔린 엔진, 전차 포탑, 항공기용 엔진 등을 제조하였고, 동유럽인과 유대인을 상대로 무임금 강제노동의 만행을 저질렀다. 폭스바겐 Volkswagen은 애당초에 히틀러의 지시로 만들어진 회사였고, 포로들이나 점령지 주민들을 이용한 강제노동으로 운영되기도 했다. 지멘스 Siemens도 유대인에 대한 노동력 착취를 일삼았고, 군수물자를 제공하였다.

하지만 이들에게 전범 기업이라는 꼬리표가 더 이상 따라붙지 않는다. 과거를 인정한 것이 오히려 그들을 과거의 굴레에서 벗어나게 한 것이다.

BMW는 창사 100년을 맞아 과거 군수 물품 독점 공급과 강제노역에 대해 반성하는 모습을 보였다. 특히, 과거의 잘못을 바로잡기 위해 재단을 설립하고 강제노역 피해자 보상 등 진정성 있는 행보를 보였다. 메르세데스 벤츠 Mercedes-Benz 역시 나치에 협력한 과오를 인정하고 사죄하였다. 슈투트가르트에 있는 박물관에는 당시의 치부를 숨김없이 드러내 놓았다. 이것이 진정성 있는 반성이다. 이제 누구도 지금의 메르세데스를 과거의 전범 기업과 동일시하지 않는다.

네슬레 Nestle 는 스위스가 독일에 점령되지 않았음에도 독일군에게 초콜릿을 자발적으로 납품했으며, 독일로부터 받은 유대인을 이용한 노예 노동으로 공장을 운영하였다. 2000년에 네슬레는 당시 노동 피해자들에게 이에 대한 배상을 했다.

1970년 12월 7일 차디찬 겨울, 폴란드 바르샤바의 유대인 위령탑 앞에서 무릎을 꿇으며 애도를 표한 독일의 빌리 브란트 Willy Brandt 총리의 사진은 우리에게 너무나 큰 울림을 주었다. 이러한 진정성 있는 사과와 지금까지 이어지고 있는 독일 정부의 반성과 피해자 보상이 새로운 평화를 향한 희망찬 역사를 만들어 가고 있다. 오늘날 독일과 폴란드의 청소년들이 자유롭게 과거 역사의 현장을 함께 방문하여 참혹한 역사가 되풀이되지 않도록 되새기는 모습들이 마냥 부러워진다.

2018년 8월 경향신문과의 인터뷰에서 오늘날을 살아가는 평범한 독일인 프리츠 본마이어씨는 이렇게 말했다.

"추모는 의무입니다. 우리의 조부모와 부모가 하지 않았다면 우리라도 해야 한다고 생각합니다. 나는 나치 시절에 살았던 사람도 아니고 직접적인 가해자도 아니지만 독일에 의해서 이름도 무덤도 없이 죽어간 사람들을 추모하는 것은 독일인의 의무입니다."

언젠가는 일본 정부와 전범 기업도 그들의 잘못을 반성하고 진정성 있는 사과를 통해 우리 모두 마음이 홀가분해지는 그날이 올 것이다. 독일과 폴란드의 청소년들이 함께 아우슈비츠 수용소로 역사교육을 가듯, 우리나라와 일본의 청소년들이 함께 서대문 형무소에서 역사교육을 하는 그날이 오리라 믿는다.

진심 어린 사과를 받고, 상대방을 용서함으로 우리는 화해한다. 일본이 진심을 담아 사과하는 날, 우리는 저들을 용서할 마음의 준비가 되어 있을까? 나라를 빼앗겼던 설움을, 그 오랜 시간 견뎌왔던 인고의 시간을, 저들이 저지른 만행들을 과연 우리는 용서할 수 있을까? 쉽지 않을 것이다. 사람 간의 관계에서도 심하게 다투고 나면 사이가 벌어지게 된다. 서로에게 깊은 상처를 안긴 채 오랜 시간 얼굴을 마주치지 않는다. 다시 다가가려 해도 지난날의 앙금이 떠올라 발걸음을 돌린다. 어떻게 용서하고 화해의 길로 함께 나아갈 수 있을까?

조명준 작가는 이렇게 말한다. 사실 용서는 상대방을 위해 하는 것이 아니라 나 자신을 위해 하는 것이다. 용서는 나 자신이 하는 것이다. 그런데도 우리는 종종 상대방의 태도를 보고 용서할지 말아야 할지 결정한다. 끝까지 결정권을 상대방에게 넘기고 있다. 용서하지 않으면 상대방과의 과거를 끌어안고 있는 것이기 때문에 고통은 계속될 수밖에 없다. 그러나 용서하고 나면 그때부터 홀가분하게 고통에서 벗어날 수 있다. 그 사람이 나 자신에게 더 이상 고통을 제공해 주지 않기 때문이다.

다른 사람을 용서하지 못하는 사람은
자기가 건너야 할 다리를 무너뜨리는 셈이다.
- George Herbert -

용서는 제비꽃이 자기를 짓밟은 사람의 발꿈치에 향기를 남기는 것이다.
- Mark Twain -

용서는 제힘으로 못합니다. 내 안에 계신 예수께서 용서하시는 것입니다.
용서할 때마다 아픔을 느끼지만 그래도 용서할 수 있습니다.
용서는 기억하되 고통이 자신을 묶지 못하도록 하는 것입니다.
- 조정민 -

뜨거운 피! 우리는 민주 투사 동지

 타이완은 가까우면서도 뭔가 낯설게 느껴지는 나라다. 비행기로 2시간 30분이면 갈 수 있고, 반도체 산업이 발전되어 글로벌 주식시장에서 삼성전자로 대표되는 우리나라와 비교선상에 있는 나라이다. 20세기 중후반 대한민국, 대만, 홍콩, 싱가포르는 아시아 4마리 용이라고 불리며 고도의 산업 성장을 통해 세계를 놀라게 하였다. 과거 우리나라의 화교는 대만에서 온 분들이 많았다. 내가 다니던 중학교에서도 대만 중학교와 자매결연이 되어 있어 매년 교류 행사가 있었다. 이렇게 가까운 대만이 낯설게 느껴지는 데에는 현대사의 아픈 기억들이 가슴 한구석에 자리 잡고 있어서가 아닐까!

대만과 대한민국의 인연은 오래전부터 이어졌다. 1934년 4월 상하이 훙커우(虹口) 공원에서 윤봉길 의사의 의거가 있고 난 뒤, 중국 국민정부의 지도자 장제스(蔣介石)는 "4억 중국인도 해내지 못한 일을 한 조선 청년이 해냈다"고 극찬하며 대한민국 임시정부를 인정한다. 대만은 대한민국이 독립 후 미국에 이어 2번째로 수교를 맺은 국가이다. 대한민국의 첫 재외공관이 중화민국의 대만 천도 이전 광저우에 세운 대한민국 특사관이었다. 한국과 대만은 서로를 혈맹의 나라, 형제의 나라라고 표현했다. 1960년 후반에는 양국 간 경제협력 위원회가 설립되었고 여러 산업에서 교류가 많았다. 1972년에 설립한 우리나라에서 가장 오래된 제빵 기술학교인 한국제과학교에 가보면 대만에서 제빵 기술을 들여온 기념사진들이 빼곡하다. 베트남 전쟁 당시 우리나라 군함은 대만을 경유해서 이동하였다.

하지만 이러한 긴밀한 관계에도 불구하고 1992년 한국이 중국과 수교를 맺으면서, 중국이 내세우는 하나의 중국 정책(一個中國政策)으로 인해 대만과는 단교할 수밖에 없게 된다. 이 사건은 오랫동안 함께 의지한 만큼 서로에게 뼈아픈 상처가 됐을 것이다. 미국과 일본은 70년대에 이미 대만과 단교했으나, 우리는 90년대 초까지 신의를 지켰다고 애써 위안을 찾을 수도 있었을 것이다. 하지만 헤어짐은 어떠한 이유에서든 어떠한 형태로든 서로에게 깊은 상처로 남는다. 사람도 나라도.

이런 헤어짐 이후 2005년이 돼서야 국적기 취항이 재개되었다. 13년간 서로 보지 않았던 서운함이 풀린 지 또 다른 13년이 흐른 2018년 나는 어린 시절 헤어진 친구를 만나는 기분으로 타이베이행 기내에서 멍하니 창밖을 바라보았다.

"승객 여러분 저희 비행기는 잠시 후 타오위안 국제공항에 도착합니다. 현재 타이베이 기온은……."

기내 방송에 창밖을 내다보니, 마치 풍경화에서 보듯 사방에 깔린 구름 위로 산봉우리들이 신선들 사는 곳처럼 드리워져 있었다. 분명 곧 착륙한다고 했는데 내가 잘못 보았나? 아니었다. 대만이 협곡이 있는 산악지형이라는 것을 인식하지 못했다.

대만의 첫인상을 어떻다고 해야 할까? 한마디로 정의하기 힘들었다. 도시가 깨끗하다는 느낌을 받았고, 조금만 가면 산과 온천이 있었다. 그리고 일본 제품들과 일본 사람들이 유독 눈에 많이 띄었다.

대만에서의 출장 일정은 굉장히 빠듯했다. 아침 8시부터 오후 늦게까지 그리고 출국하는 날까지 일정이 있었기에 자유시간은 거의 없었다. 그런데 다행히도 대만은 야시장이 활성화되어 있었다. 시간을 쪼개어 그 나라의 재래시장을 가보고자 하는 나에게 대만에서의 빠듯한 일정은 문제되지 않았다.

밤 11시가 넘어 야시장을 찾았다. 시장을 가득 메운 사람들의 열기, 열심히 살아가는 사람들의 땀 내음이 느껴졌다. 그런데 야시장 입구에서부터 뭔지 모를 강렬한 냄새가 코를 찌른다. 이 냄새를 어떻게 표현해야 할까? 간장을 심하게 조린 냄새에 뭔가 심하게 썩은 냄새라고 해야 할까? 일단 기분이 좋지 않다. 인상을 찌푸리게 된다. 그곳을 피하고 싶었다. 도대체 어디서 냄새가 나는지도 모르겠고 쓰레기통이 열려 있나 싶었다. 옆에 있던 이병두 차장에게 물었다.

"이 차장! 이거 뭔 냄새예요?"

"이거 모르세요! 취두부 냄새잖아요. 이건 아무것도 아니에요. 상해에 가보면 더 심해요."

약한 게 이 정도라니! 문득 언제가 방송에서 연예인이 대만 여행을 와서 취두부를 먹던 장면이 떠올랐다. 여럿이 취두부를 앞에 두고 냄새 때문에 못 먹는데 배우 송지효 씨가 맛있게 먹는 장면이었다. 그 방송을 보면서 생각했었다. '그 나라 음식에 대한 예의상 그냥 먹으면 되지. 여배우도 먹는데 뭔 남자들이 입도 못 대나?' 그날 야시장 골목에서 또 한 번 깨달았다. 내가 겪어 보지 못한 상황에 대해 타인의 행동을 쉽사리 단정 짓지 말자. 배우 송지효 씨가 존경스럽다. 취두부 냄새는 아무리 샤워해도 몇 일간 내 몸에서 떠나지 않는 듯했다.

내 몸을 내내 맴돌던 취두부 향기처럼 대만 기업들의 모습은 다른 나라의 기업들과는 다름에 기억에서 떠나지 않았다. 보통 기업을 투자자로서 방문하면 IR^{Investor Relations} 담당자나 재무 총괄 임원과 미팅한다. 회사의 최근 경영 실적이나 올해의 영업 전망에 대해 출력된 다양한 자료와 프리젠테이션 화면을 보며 이야기를 나눈다. 그런데, 대부분의 대만 기업에서는 화면을 보고 미팅을 하지 않았다. 준비된 인쇄물도 몇 장 안 되었다. 미팅도 투자자를 대하기보다 동네 주민 대하듯 편안하게 대화하는 분위기였다. 어떤 회사는 아예 왜 우리 회사에 왔냐고 취조하듯 몰아세우기까지 했다. 사람들은 대부분 친절했다. 하지만 뭔가 본인의 회사에 대해 투자자에게 어필하고 소개하려는 의지가 강하지는 않았다. 이럴 거면 왜 기업 공개를 하고 상장했는지 이해가 안 될 정도였다.

한국에 돌아온 후 친하게 지내던 펀드매니저 선배와 만난 자리에서 대만 기업들에 대해 의아하다고 하자 이해된다고 했다.

"우리나라 상장사 중에서도 투자자의 기업 방문을 꺼리는 회사들이 있어. 그들의 공통점은 확실한 사업 기반이 있고, 재무구조가 건전해서 외부자금 유입의 필요성이 적은 회사들이야."

그제야 대만 회사들의 IR 담당 직원의 태도에 이해가 되었다. 그만큼 대만회사에 대한 신뢰도가 커졌다. 그리고 보니 대만 기업 중 배당수익률이 5%가 넘는 기업이 많았다. 기업의 주식을 사면 주주가 된다. 회사는 한 해 동안 영업을 해서 벌어들인 수익을 주주에게 배당으로 돌려준다. 이 배당을 주식의 현재 가격으로 나눈 것이 배당수익률이다. 대만 주식시장에서 배당수익률이 5% 이상인 기업은 330개가 넘는다. 시가배당을 하는 특성상 매년 꾸준히 5%의 수익을 달성할 수 있는 투자처가 많다.

대만에서의 또 다른 독특했던 경험은 대만 장년층의 가슴속에 젊은 날 뜨거운 민주화의 피가 흐르고 있었다는 사실이었다. 대만의 푸본증권 Fubon을 방문하여 세미나를 하던 중 마지막 시간에 반도체 애널리스트와 세미나를 하게 되었다. 아시아 반도체 애널리스트 중 1등을 했다는 아서 랴오 Arthur Liao의 설명은 진지하고 냉철했다. 미국, 한국, 대만, 일본을 아우르는 탁월한 반도체 산업분석. 달리 아시아 1등이 아니구나 싶었다. 하지만 날카로운 인상만큼 인간적인 정감은 가지 않았다.

모든 일정이 끝나고 몇 일간 정이 든 대만 현지 직원들과 조촐한 저녁 자리를 가지게 되었다. 그 자리에 차가워 보이는 아서도 나와있었다. 이런저런 투자 관련 이야기를 나누던 중 어느 순간 군대 이야기가 나왔다. 대만도 우리처럼 의무병 제도라고 한다. 우리나라에서 남자들이 모이면 군대와 축구 이야기로 밤새는 줄 모르듯, 우리들은 한국과 대만 군대 이야기를 해가며 투자업계의 동지이자 예비역 병장으로서의 동질감에 하나가 되어갔다. 한국에서 남자들이 군대 이야기를 하면 여자들이 지루해하며 하품하듯, 우리들의 군대 이야기에 대만 여직원들도 남자들은 어딜 가나 다 똑같다며 핀잔을 주었다.

군대 이야기로 분위기가 한층 무르익을 무렵, 아서는 한국이 민주화를 위해 독재정권에 항거했듯 자기들도 동시대에 같은 독재정권 퇴진을 위해 투쟁을 했노라며 본인의 학창 시절 사진을 보여주었다. 사무실에서 보았던 냉철한 애널리스트의 모습은 어느새 사라지고 없었다. 살짝 오른 취기 때문인지 아니면 젊은 날 뜨거웠던 열정에 상기된 것인지 붉어진 얼굴로 고등학생 때 거리로 나가 데모를 한 이야기를 해주었다. 미처 몰랐던 대만의 과거에 뭔지 모를 동질감이 느껴졌다. 지난날 우리나라 대학가를 가득 메웠던 민주화 운동. 그 뜨거움을 가슴에 품은 이들이 어느새 중장년이 되어 투쟁의 선봉이 아닌 투자의 선봉에 서있는 대한민국과 대만, 우리는 참 많이 닮은 거 같다.

천개의 언어 만가지 꿈!

　인도는 같은 아시아인데도 왠지 멀게 느껴진다. 인도 여행하면 왠지 세계 이곳저곳을 다녀본 여행가가 배낭 하나 달랑 메고 인생은 무엇인가를 고민하며 떠나는 수행 길 같다. 투자자로서도 인도는 왠지 낯설다.

　인도 뭄바이는 서울에서 5,592km 거리이고, 런던까지는 7,187km, 파리까지는 7,005km이다. 거리상으로는 유럽보다 인도와 더 가까운데, 왠지 우리에게 아시아라는 느낌은 인도차이나반도에서 멈춘 거 같다.

주식시장 규모 면에서 인도는 실은 우리나라보다 큰 시장이다. 세계 14위인 우리나라의 시가총액 규모는 1조 6천억 달러인 반면 인도는 세계 5위로 4조 7천억 달러이다.

우리는 인도를 이머징 시장으로 부른다. 하지만 인도의 금융시장은 우리가 아는 것보다 역사가 깊고 수많은 증권회사와 상장사가 있다. 인도의 양대 증권거래소중 하나인 봄베이 증권거래소 Bombay Stock Exchange는 1875년 설립되어 아시아에서 가장 오래된 증권거래소이다. 현재 영업 중인 인도의 증권사는 무려 2,000개사가 넘는다. 또한 상장회사는 6,000개에 이른다.

홍콩 첵랍콕 국제공항에서 뭄바이행 비행기를 기다리며 일행들 모두 긴장감을 숨길 수 없었다. 말은 안 했지만 몇 시간 전 비즈니스 미팅에서 만난 제이슨과의 대화를 떠올리고 있는 듯했다. 제이슨은 미국 교포로 홍콩, 스페인, 브라질에서 근무한 다양한 국제경험을 가는 금융전문가였다.

"음… 여기… 마치고 어디… 가시죠?"

자연스럽긴 하지만 외국에 오래 살은 교포 2세 특유의 한국어 발음으로 제이슨이 우리에게 물었다.

"오늘 밤 인도로 갑니다."
"오! 노우! 오 마이 갓!"

제이슨은 재미있다는 듯 걱정스럽다는 듯 알 수 없는 미소와 함께 감탄사를 내뱉었다.

"왜 그러세요? 인도 무슨 문제라도 있나요?"
"인도는 우리 회사에서도 다들 출장을 안 가려는 나라예요. 냄새도 너무 심하고, 음식도 오! 노우!"
"구체적으로 뭐가 안 좋다 라는 건가요?"

답답한 마음에 재촉하듯 물었다. 실은 이런 이야기를 벌써 한국을 떠나 출장길에 오른 뒤 세 번째 듣는 거였다.

"일단 샐러드는 절대 드시지 마세요. 설사해요. 물도 생수만 사드시고, 호텔에서 샤워할 때 물이 입안으로 안 들어가게 꼭 입을 다물고 하세요. 호텔에서 마시라고 준 생수도 양치할 때만 쓰고 절대 마시지 마세요. 식사도 미국 계열 특급 호텔 안에 있는 레스토랑에서만 하세요. 아마 비행기 타는 순간부터 냄새 때문에 기절할 거예요."

마치 말문이 터진 어린아이처럼 제이슨은 수없이 많은 인도 관련 에피소드를 쏟아 내었다. 홍콩서 만난 대부분의 사람이 인도에 대해 잔뜩 겁을 주었다. 공항 대기실에 서로 다투기라도 한듯 말없이 남자 넷이 앉아 있었다. 얼굴에 드러나는 긴장감을 감출 수 없었다. 일정을 변경만 할 수 있으면 가기 싫었다. 탑승이 시작되자 대기실의 사람들이 분주해지기 시작했다. 그때 문자가 오는 소리가 들렸다. 핸드폰을 보니 홍콩계 캐나다인 레베카의 문자였다.

'너무 걱정하지 말아요. 인도 좋을 거예요. 나도 작년에 갔었는데, 음식도 맛있고 좋았어요. 굿 럭! Good luck'

레베카의 문자 한마디에 힘이 났다. 그래! 그곳도 사람 사는 곳인데 호텔에서만 밥을 먹으면 거기 사람들은 어떻게 살아? 우리나라 주재원들과 교민들은? 마음의 걱정을 덜고 인도 항공사 제트 에어웨이즈 기내에서 올랐다. 기내를 가득 메운 사람들. 하지만, 제이슨이 말하던 냄새는 전혀 나지 않았다. 기내식도 아주 맛있었다. 그렇게 7시간여를 날아 자정이 조금 넘은 시각 뭄바이의 차트라파티 시바지 국제공항에 도착했다. 짐을 찾고 택시를 타고 호텔에 가도 새벽 2시 전에는 도착하리라 생각했다. 몸은 고되지만 이 또한 출장의 매력이라 생각하며 여권 심사를 기다렸다. 한산할 거라 생각했던 공항은 오렌지색 옷을 힘은 한 무리의 일행들로 줄을 길게 늘여 섰다. 아마 네덜란드에서 온 사람들 같았다. 우리나라였으면 30분 정도면 줄어들 거 같았던 줄은 미동도 하지 않았다. 달팽이가 기어가는 듯한 움직임. 로밍된 핸드폰 속의 시계가 잠이 덜 깼는지 이상했다. 비행기에서 내릴 때가 자정이 조금 넘었는데 시계는 새벽 3시 반을 가리키고 있었다.

"김 대리! 내 핸드폰이 이상하네. 지금 몇 시니?"
"3시 30분 지났습니다. 이 사람들 도대체 뭐 하는 겁니까?"

반쯤 감긴 눈으로 김재구 대리가 말했다. 아니 절규에 가까웠다. 무슨 여권 심사를 세 시간째 하고 있단 말인가? 여권 심사를 마치고 짐을 찾으러 가자 우리들의 짐은 오래전부터 우리를 외로이 기다리고 있었다. 택시를 타고 숙소에 도착하자 새벽 5시가 지나 버렸다. 결국 뜬눈으로 밤을 새우고 주일 아침을 맞이했다. 아침 10시경에 뭄바이 한인교회를 찾아갔다. 예배를 마치고 한 장로께서 안내 말씀을 주셨다.

"오늘은 특별히 한 집사님 댁에서 인도 음식이 아닌 맥도날드 치킨버거로 점심을 섬겨 주셨습니다."

여기저기서 환호성이 터져 나왔다. 교민 분들도 인도 음식은 드시기 힘드신가 보다. 다 같이 모여 점심을 먹는데 의문점이 생겼다. 왜 치킨버거일까? 그제야 내가 힌두교 국가에 와있다는 사실을 깨달았다. 인도는 인구의 80%가 힌두교라서 소고기 버거 자체가 없다. 거기다가 나머지 14%는 이슬람교라 돼지고기로 된 소시지나 베이컨이 들어간 햄버거도 없다. 맛있게 점심으로 준비해 주신 치킨버거를 맛있게 먹고 있는데 옆에 있던 이병두 차장이 햄버거를 앞에 두고 먹지 못하며 당황해하고 있었다. 물끄러미 쳐다보자, 햄버거에서 눈을 떼지 못한 채 이 차장이 말했다.

"저… 햄버거 밑에 빵이 없어요!"

무슨 말인지 이해할 수 없다. 얼핏 보니 햄버거는 멀쩡해 보였다. 하지만, 자세히 살펴보니 햄버거 패티 사이 위아래에 있어야 할 빵이 위에만 있고 아래에는 없었다. 교민 분들은 늘 있는 일이라며 대수롭지 않은 듯 다른 햄버거를 이 차장에게 건넸다. 단체로 여러 개를 시키면 햄버거 가게 직원이 밑에 빵을 종종 빼고 준다고 한다. 상황이 이해가 안 됐지만, 그러려니 넘어갔다. 누가 아는가? 비록 그 행동은 정직하지 못하다고 해도 집에 배고파 굶주리는 어린 동생을 위해 어쩔 수 없이 몰래 가지고 갈 수도 있지 않았을까?

예배를 마치고 길을 걸었다. 근처에 세계에서 가장 큰 빨래터 도비가트가 있었다. 하지만 우리 모두 그곳으로 향하지 않았다. 아직 남아 있는 인도의 계급제도인 카스트에서 브라만, 크샤트리아, 바이샤, 수드라 이 4계급에 속하지조차 못하는 불가촉천민! 손만 닿아도 불결하다고 취급되는 그들이 태어날 때부터 평생 빨래만을 하며 살아가는 삶의 터전. 벗어날 수 없는 굴레 속에서 힘들게 일하며 숨 쉬는 그들의 공간이 어찌 관광지가 될 수 있단 말인가! 보고 싶지 않았다.

다음날부터 인도에서의 공식 일정이 시작되면서 가장 인상적이었던 것은 유독 긴 건물 이름이나 사람 이름이었다. 뭄바이의 가장 유명한 박물관 중 하나가 과거 '웨일스 왕자 박물관'이라 불린 '시바지 왕 박물관'이다. 그런데 이 박물관의 정식 명칭이 크해트라파티 쉬바지 마하라지 바스투 샌그라할라야 Chhatrapati Shivaji Maharaj Vastu Sangrahalaya 이다. 이 명칭을 어찌 기억한단 말인가! 인도의 B&K증권의 니하리카 전무에게 왜 이렇게 이름이 긴지 물어보았다.

인도 사람 이름은 『이름 + 아버지 이름 + 할아버지 이름 + 성(姓)』으로 이루어진다. 우리나라 이름을 예로 들면 『동원 원혁 준호 김』은 김가 집안의 준호의 아들 원혁의 아들 동원인 것이다. 신기하게도 인도 사람은 대부분 친구의 긴 이름을 다 기억한다. 더군다나 헌법에서는 없어졌다고 하는 신분제인 카스트가 이름에 아직 쓰이고 있다. 시타 라마 라주 알루리 Sita Rama Raju Alluri 라는 사람의 이름은 시타 라마는 그의 이름이고, '라주'가 카스트 계급을 드러내는 이름이다. 알루리는 그의 성이다. 또한, 종교에 따라 이름 짓는 방식이 조금씩 달라진다. 이슬람교와 힌두교를 조화시킨 시크교도들은 이름에 종교를 드러내는 단어인 싱(남자 이름), 카우르(여자 이름)를 쓰고 보통 성을 쓰지 않는다. 우리가 아는 만모한 싱 Manmohan Singh 前 총리가 시크교도이다. 머리에 터번이라 하는 두건을 두른 이들이 시크교도이다.

인도에 대해 어렵게 느껴지는 것은 긴 이름뿐 만 아니라 다양한 종교와 언어이다. 인도의 종교 현황은 힌두교 79.8%, 이슬람교 14.2%, 기독교 2.3%, 시크교 1.7%, 불교 0.7% 이다. 인도는 불교의 발원지인데 참 아이러니하다는 생각이 들었다. 힌두교를 설명하기는 다소 어렵다. 유일신 사상이 아니라서 그리스 로마 신화처럼 여러 신들이 존재한다. 인도는 다른 나라에 비해 선교가 상대적으로 어렵지 않다고 한다. 그런데 문제는 인도인의 관념에는 하나님도 수많은 신 중 하나라고 생각한다는 것이다. 그들의 종교에 대해 내 지식이 미천하니 무엇이라 설명하면 그들이 웃을 것이다. 내게 가장 쉽게 이해되는 것은 힌두교도는 소고기를 먹지 않고, 이슬람교도는 돼지고기를 먹지 않고, 시크교도는 양 종교의 좋은 점을 가지고 와서 모든 고기를 다 먹는다는 점이다. 이들이 한데 어울려 살고 있는 곳이 인도이다!

힌두교에 여러 신이 있듯 인도에는 공식 언어가 무려 22개이다. 상상이 가지 않는다. 내게 막상 떠오르는 언어는 스무 개조차 되지 않는다. 한국어, 영어, 중국어, 일본어, 프랑스어, 스페인어 등등. 그런데 인도에는 공식 언어만 22개이고 방언까지 합치면 2,000개 이상의 언어가 있다니 그 다양성을 어찌 이해할 수 있을까? 이런 다양성에 대한 경험이 없는 일반 사람들에게는 차라리 혼돈에 가깝게 느껴질 것이다. 하지만 복잡한 다양성 속에서 어울려 지내는 모습에 그들의 잠재력이 있는 게 아닐까?

뭄바이의 시내를 다니다 보면 차로에 선이 없는 곳이 많았다. 중앙선이 없을 뿐만 아니라 일반 차선 자체가 없었다. 차 두 대가 다닐 수 있는 2차선 정도 폭에 간혹 3대의 차가 가기도 하고, 차 두 대가 한 차로에서 아슬아슬하게 기싸움 하듯 차 머리를 앞서거니 뒤서거니 하며 운전한다. 이쯤 되면 창문을 열고 고래고래 소리를 지를 법도 한데 그냥 앞만 보고 운전을 한다. 그런 모습이 낙후되어 보일 수도 있지만 그 안에 묘한 질서가 있어 보였다. 퇴근 시간 무렵 교통체증은 극심했다. 다소 짜증이 나고 답답하기도 했다. 그런데 가만히 보니 우리가 가는 방향은 차가 두 줄이고, 반대 방향은 세 줄이었다. 중앙선도 길에서 한 차라도 잘못 끼어들면 줄은 엉킬 것이다. 무질서해 보이지만 그 안에 나름의 질서가 잡혀 있는 곳. 그곳이 인도라는 생각이 들었다.

인도에서는 시간에 대한 개념마저 새로웠다. 출장 일정은 수많은 기업 방문으로 꽉 짜여 있었다. 여러 곳을 이동하는 동안 차는 종종 막혔고 일정은 한 시간씩 지연되기 일쑤였다. 비즈니스 관계에서 시간을 칼같이 지키는 것이 익숙한 내겐 이상하게 느껴졌다. 하지만 인도 현지의 직원들은 미팅 시간이 늦어지는 것에 대해 너그러이 받아들이는 분위기였다. 여기가 인도구나라고 느낀 작은 일이 벌어졌다. 인도에서의 강행군에 우리는 조금씩 지쳐갔다. 차로 두 시간 거리를 힘겹게 가던 중 리하리카 전무가 곧 도착할 회사 직원과 통화를 했다. 영어와 현지 언어를 섞어가며 통화 후 우리를 바라보며 말을 건넨다.

"미안합니다. 지금 가려는 회사에서 내부 일이 생겼다고 미팅을 못 하겠다고 하네요."

선뜻 이해할 수 없었다. 투자자와 투자 대상 기업과의 공식 일정을 몇 분 전에 취소할 수 있단 말인가? 세상엔 정말 다양한 가치관이 있는가 보다. 무엇이 옳고 그른 것일까? 어찌 보면 그런 구분 자체가 어리석은 일인지 모르겠다. 그저 대다수가 생각하면 옳다고 생각하고, 소수가 생각하는 것은 그르다고 치부해 버리고 살아온 건 아니었을까?

펀드매니저로서 인도의 잠재력은 어떻게 판단해야 할까? 침구류 부문 매출액 세계 1위 기업인 웰스펀 Welspun을 방문했다. 미국 시장에서 침구류 5년 연속 1위를 차지하는 기업에서 고급 면제품에 대한 설명을 듣던 중 하리쉬 벤카테스와란 전무가 강한 어조로 말했다.

"진짜 인도의 성장 가능성을 보고 싶으면 도시를 보지 말고 차를 타고 시골을 가보세요!"

뭔가 새로운 투자에 대한 시각을 들을 수 있을 거만 같았다. 시골이 어떻다는 말인가? 다음 설명을 기다리며 그를 바라보았지만, 그게 다였다. 깨달음을 얻은 철학자가 한마디 질문을 던지고 해답은 스스로 찾으라는 듯 그는 아무 말이 없었다. 해답을 얻지 못한 나는 다음 방문 회사인 인도 대형 증권사인 모티랄 오스왈 Motilal Oswal의 리서치 헤드인 가우탐 두가드에게 인도시장의 미래에 대한 물어봤다.

"우리가 학교에 다닐 때 숙제가 20개가 넘었습니다. 하교 후 밤늦게 잠들기 전까지 숙제하고 등교를 하곤 했습니다. 우리들은 누가 시킨 일은 철저하게 해냅니다. 그러다 보니 창의적인 일에서는 경쟁력이 없습니다. 인도가 한 단계 더 발전하기 위해서는 창의성을 더 발휘하는 교육과 산업의 육성이 필요합니다."

세상에 숙제가 20개였다니. 문득 인도 학생들은 구구단을 외우는 수준을 넘어 19단을 외운다는 이야기가 생각났다.

낯선 인도에서의 나흘 간의 강렬했던 일정이 명확한 답이 없이 많은 생각들만을 남긴 채 끝나가고 있었다. 자정 비행기로 한국으로 돌아오는 날 마지막 저녁, 우리 일행은 여정을 마치며 간단히 맥주라도 곁들이며 저녁을 먹고자 시내의 식당으로 향했다. 그런데 맥주를 주문하자 분명히 메뉴판에 맥주와 다양한 술이 있는데 팔지 않는다고 했다. 이유를 물어보니 오늘이 인도의 국부 마하트마 간디의 서거일이라고 했다. 인도 사람들은 중요한 인물들을 추모하는 날에는 술을 마시지 않는다고 했다. 놀라웠다. 그들이 존경스러웠다. 우리는 유관순 열사, 안중근 의사의 서거일에 어떻게 하고 있을까? 내 스스로가 부끄러워졌다.

사이공의 전설

베트남의 수도는 하노이 Ha Noi다. 그런데 하노이는 정치 도시의 모습을 띠고 경제 규모 면에서는 남쪽의 호찌민시 TP Ho Chi Minh가 훨씬 중요한 위치를 차지한다. 과거 사이공 Saigon이라 불리던 도시는 통일 이후 민족 지도자 호찌민의 이름을 따 호찌민시로 개명하였다.

베트남 민족의 국부인 호찌민이 항상 곁에 두었던 책이 다산 정약용 선생의 목민심서이다. 젊은 시절 호찌민은 백성을 향한 지방 관리의 태도에 대해 적은 이 책을 읽고 감명을 받았다고 한다. 그리고 훗날 그가 꿈꾸는 나라를 만들어가는 데 목민심서를 초석으로 삼았다. 정약용 선생의 기일에는 항상 묵념하고, 임종하는 날 목민심서를 머리맡에 두고 있었다고 한다.

호찌민시는 우리가 아는 것보다 국제도시의 면모를 가진 곳이었다. 전 세계 은행중 시가총액 규모 8위인 HSBC은행의 첫 해외점포는 1870년에 진출한 사이공 지점이었다. 이러한 사이공에 전해 내려오는 전설이 하나 있다.

"사이공에 한 번 발걸음이 머문 사람은 언젠가 꼭 다시 한번 사이공에 오게 된다. 생전에 못 오면, 자녀들이 다시 오게 된다."

호찌민시에서 6개월간 주재원으로 지냈다. 신기한 것은 아버지께서 월남전이 한창이던 1968년 대학 재학시절 사이공을 방문하셨다는 사실이다. 이후 아들을 보러 부모님께서 베트남에 다시 오셨으니, 전설이 맞는가 보다. 1968년 11월 전국의 대학교 총학생회장들이 주축이 되어 파병 군인들을 위한 위문단이 구성되었다. 해병대 장군 출신인 문희석 건국대 총장을 단장으로 한 모국 학생 위문단은 부산 중앙부두에서 군함을 탔다.

백 명이 넘는 청년들이 뱃멀미를 겪으며 일주일이 넘는 항해 끝에 베트남 다낭 Da Nang에 도착했다. 그들은 호이안 Hoi An, 퀴논 Qui Nhon, 냐짱 Nha Trang, 사이공에 있는 파병 군인들에게 고국의 소식을 전하며 위문하였다.

◈

　나의 베트남과의 인연은 2004년 봄으로 거슬러 올라간다. 하나은행 자금부에서 일하던 어느 날 오후 인력개발실에 있던 김기홍 과장의 전화를 받았다.

　"너 은행에서 베트남 연구회를 만들 건데 활동 할래?"
　"네! 알겠습니다. 형님!"

　항상 이래저래 많은 것들을 챙겨 주시던 분의 전화에 매몰차게 바쁘다고 싫다고 할 사람이 있겠는가? 아무런 부담없이 대답하고 며칠 뒤 점심을 함께하는 자리에 처음 뵙는 분이 함께 계셨다.

　"인사드려라! 베트남 연구회 회장을 맡으실 홍성혁 차장님이시다. 네가 간사를 맡아서 앞으로 많이 도와드려라!"
　"네?"
　"베트남 연구회는 행장님께서 특별히 관심 두고 계신 프로젝트이니 한 달 내로 발족해서 활동 시작해야 한다."

이렇게 얼떨결에 베트남 연구회가 시작되었다. 창립발표회가 있던 날 이왕 하는 거 폼 나게 하고 싶었다. 무작정 주한 베트남 대사관을 찾아가 증찡특 대사님을 초청했다. 거절당할 줄 알았는데 흔쾌히 허락해 주셔서 행사 당일 은행 본사 앞에는 베트남 국기가 펄럭였다.

이후 직원들과 베트남어 수업도 듣고 베트남의 역사와 문화에 대해 공부를 했다. 베트남연구회 활동을 하며 직원들과 즐거운 시간을 보내던 중 베트남 주재원으로 파견되었다.

2006년 2월 차디찬 겨울바람을 맞으며 인천 공항을 떠나 베트남 호찌민시의 떤선녓 Tan Son Nhat 국제공항에 도착하였다.

"승객 여러분! 저희 비행기는 곧 호찌민시 떤썬녓 국제공항에 도착하겠습니다. 현지 기온은 섭씨 32도…"

조금 전까지 영하의 추운 날씨였는데 5시간 뒤 느닷없이 여름이 찾아왔다. 베트남에서의 첫 한 달은 정말 힘들었다. 주변 풍경은 한국의 80년대 초반 같았다. 30대 초반의 청년이 할 만한 것이 별로 없었다. 달빛이 청아하다는 것을 그때 처음 알았다. 밤하늘에 처량히 뜬 달을 보며 말 못 할 그리움에 눈물을 삼켰다. 하지만, 한 달이 지나자 거리들이 눈에 들어오고 현지 글자를 읽을 줄 알게 되자, 마음이 조금씩 편안해지기 시작했다. 무엇보다 당시 우리나라 80년대 풍경 같은 호찌민시를 보면서 나의 사춘기 시절이 떠올랐다. 까맣게 잊은 줄만 알았던 꿈들이 다시 깊은 호수 바닥에서 수면위로 떠오르고 있었다.

베트남으로 오기 전 구입한 여행 가이드북 론니 플래닛 Lonely Planet 의 문화면에 이런 글이 있었다.

『베트남 사람은 가정을 꾸리지 못한 것을 불행으로 여긴다. 나이가 많은데 결혼을 못한 사람은 동정의 대상이다. 상대방이 결혼했는지, 자녀가 있는지 묻는 사람이 많다. 당신 나이가 30세 이상인데 미혼이라면 차라리 결혼했다고 거짓말하는 편이 낫다.』

가이드북에 왜 이런 엉뚱한 말이 있지 하고 처음엔 대수롭지 않게 여겼다. 베트남에서 지내면 사람들이 나이를 꼭 물어본다. 그 이유는 베트남어의 특성상 말하는 사람보다 나이가 많고 적음에 따라 상대방의 호칭 등 단어들이 바뀌기 때문이다.

베트남어에서 상대방을 부르는 호칭은 어이 o'i이다. 들어보면 참 다정한 말이다. 나보다 어린 사람을 부를 때는 엠 어이 em o'i, 남자 연장자에는 안 어이 anh o'i, 여자 연장자에게는 찌 어이 chi o'i라고 한다. 우리나라에서 비밀 연애를 하는 연인이 남들 앞에서는 존댓말을 하다

단둘만 있을 때는 반말을 하듯, 베트남 여인도 남자 친구에게 남들 앞에서는 "안 어이" 라고 하다가 둘이 있을 때는 "엠 어이" 라고 애교 섞인 목소리로 부른다.

베트남에서 내 나이가 32살이라고 말하면 결혼 여부는 아예 묻지 않고 아이가 몇 명이냐고 내게 물어봤다. 그런데 미혼이라고 말하자 친하게 지내던 현지 주민들이 슬슬 날 피하기 시작했다. 점점 외톨이가 되어 가고 있었다. 나중엔 서럽기까지 했다. 그런데 한가지 재미난 사실은 베트남 사람들이 대부분 나를 20대 초반으로 보았다. 그래서 마음먹었다. 동정을 받으니 앞으로 그냥 22살로 지내자. 출생 연도 계산도 했다. 그러자 이상하게도 내 삶의 반경도 젊어졌다. 주변에 현지 대학생들과 친하게 되었다. 그들의 고민, 꿈을 함께 나누며 20대 시절의 내가 떠올랐다. 어찌 보면 베트남에서의 시간은 타임머신을 타고 과거로 돌아간 행복한 시간이었는지 모른다. 그런데 어느 날 이 행복이 깨질 위기가 찾아왔다. 친해진 대학생 무리와 저녁을 먹던 중 서클 회장을 맡던 흥 Hung이 내게 물었다.

"너 띠가 뭐냐?"

열 살 어린 사람에게 반말 듣는 거 정도는 까짓거 괜찮았다. 그런데 22살이 84년생인 거까지는 계산했는데 띠를 계산하기엔 너무 멀리 있었다. 그 짧은 순간 여기서 들통나면 난 외톨이가 된다는 걸 직감했다. 대답을 잘해야 했다. 자축인묘진사오미…도저히 계산이 안 됐다. 그때 살아 남기 위한 대답이 나왔다.

"한국에는 띠가 없어!"
"정말?"
"그럼 띠는 나라마다 달라! 베트남에는 고양이 띠가 있잖아. 그거 중국에는 없어. 중국은 대신 토끼 띠가 있어."
"아! 그렇구나. 가만 보자! 너 84년생이까… 음… 쥐 띠네."

이렇게 난 친구들을 유지할 수 있었다. 베트남 12간지는 조금 다르다. 토끼 띠 대신 고양이 띠가 있고, 양띠 대신 염소 띠가 있다. 소 띠는 물소 띠이다.

학창 시절 반공 교육을 받고 자란 세대에게 사회주의 국가에서의 삶에는 낯섦과는 다른 불편함이 있다. 베트남에 지내면서 가장 어색했던 날은 베트남의 해방 기념일인 4월 30일이었다. 이날은 미국과의 전쟁을 끝낸 날로 거리가 온통 붉은 깃발로 물든다. 베트남 국기는 그나마 거부감이 없었는데, 거리에 나부끼는 붉은색 바탕에 낫과 망치가 그려져 있는 공산주의 깃발을 보자 무섭기도 했다. 어릴 적 받은 반공교육에 그 거리에서 당장 벗어나야 할 거 같은 불안감마저 엄습

해 왔다. 이념과 그에 따른 상처는 사람들의 가슴속에 깊이 자리매김하는 것 같다. 우리에겐 붉은색은 강한 타부의 상징이었다. 2002년 월드컵 응원단의 붉은 물결을 보며 과거 반공 교육의 붉은 색을 떠올리던 세대가 상당히 많았다. 어찌 보면 월드컵은 우리에게 붉은색에 대한 타부를 없애 준 계기가 아니었을까?

베트남 학생들과 지내며 불과 30년 전 이곳에 전쟁의 참상이 휩쓸고 지나갔다는 것이 믿기지 않았다. 우리가 분단의 아픔을 겪고 있는 상황에서 베트남에서 일어난 전쟁은 남의 일이 아니었다. 수많은 우리나라 군인이 희생되었다.

호찌민시에는 베트남 전쟁 당시 미군의 숙소와 사무실로 쓰였던 5성급 렉스호텔이 있다. 내가 베트남에 외로이 있다는 소식을 듣고 친구 영우와 승환이 바쁜 일을 잠시 접고 한국에서 놀러 왔다. 고마운 마음에 큰맘 먹고 렉스호텔에 방을 잡았다. 그런데 그곳에서 난생처음 가위에 눌렸다. 잠을 자는데 숨이 멎고 깊은 암흑의 터널로 빠져만 들어갔다. 아무리 옆에 자고 있던 친구들을 불러도 그들은 대답하지 않았다. 식은땀에 젖은 채 가까스로 침대에서 일어나 내가 가위에 눌렸다는 사실을 알았다. 그리고 깨달았다. 이곳 베트남에 수많은 슬픈 영혼의 넋이 잠들어 있구나.

우리나라 군인들은 자유를 수호하기 위해 목숨을 걸고 싸웠다. 비록 전장은 베트남이었지만, 그분들은 고국 땅에는 있는 우리들의 자유와 평화를 위해 싸우셨다. 당시 북한은 북베트남을 지원했을 뿐만 아니라 국내에서도 도발을 지속했다. 우리나라 파병 군인이 어떠한 이유로 그곳에 갔든지 그들은 나라를 위해 젊음을 바쳤다. 그들이 자랑스럽고 그분들의 희생에 감사드린다.

그런데 우리에게 또 다른 상처가 하나 있다. 다른 이들에게 씻을 수 없는 상처를 준 우리들의 상처. 당시 많은 베트남 민간인이 우리 군인들에게 희생당했다는 부정할 수 없는 사실이 있다. 난 그 자리에 없었다. 우리 군인들이 어떠했는지 알지 못한다. 내가 그 자리에 있었다면 어떠했을까? 베트콩과 민간인이 구별이 안 되는 게릴라전 상황. 내 전우가 바로 옆에서 죽어 나가는 모습을 보면 과연 이성적일 수 있었을까? 전쟁의 참혹함이 너무 무섭다. 우리는 둘 다 감싸 안아야 한다. 그런 참혹한 상황에서 민간인에게 총부리를 겨누어야 했던 우리의 군인들을 감싸 안아야 하고, 전쟁이라는 비극 속에 우리로 인해 씻을 수 없는 고통을 받은 베트남 사람들을 보듬어야 한다. 말처럼 쉽지 않을 것이다. 하지만 진정한 발전적인 관계를 위해서라면 진정 그들에게 사과하고 용서를 구해야 할 것이다. 그것이 전쟁으로 인하여 상처를 받은 두 영혼 모두에게 평화를 주는 길이 아닐까? 우리 아버지 세대에 있었던 일에 대해 우리 세대가 용서를 구하면 좋겠다. 나중에 우리의 아들딸들이 자라서 사이공에 방문했을 때 보다 편안한 마음으로 베트남 친구들과 어깨동무하며 환하게 웃을 수 있지 않을까?

☆☆☆
이야기 셋,
Western Europe

바이킹의 후예

위에 북유럽 3개국의 국장과 국기가 있다. 페이지를 넘기지 말고 국기만 보고 어느 나라인지 한번 맞혀보자. 각 국기를 보고 어느 나라인지 구분할 수 있다면 이미 북유럽에 대해 상당히 많이 알고 있는 것이다.

왼쪽부터 덴마크, 스웨덴, 노르웨이이다. 국장을 보면 덴마크는 사자 세 마리, 스웨덴은 두 마리, 노르웨이는 한 마리이다. 통상 이 세 나라를 가리켜 『스칸디나비아 Scandinavia』라고 부른다. 우리가 보통 말하는 북유럽 국가 『노르딕 Nordic』은 세 나라와 함께 핀란드, 아이슬란드 등을 포함하여 부른다. 스칸디나비아는 국기나 국장뿐만 아니라 정치 문화적으로 서로 깊이 연결되어 있다. 14세기경의 덴마크가 주도한 칼마르 동맹 Kalmar Union이 맺어졌다. 덴마크의 공주 마르그레테 1세는 노르웨이 왕과 결혼한다. 그녀는 1397년 덴마크, 스웨덴, 노르웨이의 지도자들을 스웨덴의 남부 도시 칼마르로 소집한다. 그 자리에서 조카인 에리크를 왕으로 즉위시킨다. 이렇게 탄생한 칼마르 동맹은 120년 동안 지속되다가 1523년 스웨덴이 독립투쟁을 하여 탈퇴하면서 역사의 뒤안길로 사라졌다.

17세기에 접어들어서는 스웨덴이 부흥기를 맞이한다. 한때 영토를 핀란드 땅까지 확대하였다. 시간이 지나서 19세기 스웨덴은 프랑스 나폴레옹과의 전투에서 승리한다. 스웨덴은 나폴레옹의 편에 섰던 덴마크로부터 노르웨이를 받게 된다. 하지만 노르웨이 국민은 이를 받아들이지 않고 독립운동을 전개하였다. 1905년 노르웨이는 독립을 선언하였고, 스웨덴은 전쟁 대신 평화를 선택하며 노르웨이의 독립을 인정하였다.

이후로 스웨덴은 평화를 지향하며 중립을 택하여 1차 세계 대전과

2차 세계대전에서 피해를 보지 않았다. 하지만 2차 세계대전 당시 독일이 노르웨이를 침공하자, 스웨덴은 독일군에게 길을 내주었다. 이로 인해 5년간 히틀러의 침공을 받은 노르웨이는 스웨덴에 대한 심한 반감을 품기도 했다.

스칸디나비아를 처음 가본 것은 교환학생으로 독일에 있을 때였다. 학기를 마치고 귀국까지 3주의 시간이 있었다. 지금이 아니면 언제 북유럽에 가보겠냐는 생각에 여행을 떠났다. 상상을 초월한 높은 물가 때문에 몇 번을 망설인 결정이었다. 북유럽으로 가기 전 그동안 친하게 지낸 독일 친구들이 환송회를 해주었다. 독일인 마크가 웃으며 선물을 건넸다. 포장지를 뜯어보니 독일어로 된 북유럽 여행 가이드북이다.

"마크! 고마워. 그런데 나 독일어로 이거 읽을 줄 몰라!"
"알아! 여행 다니면서 독일어 공부하라고."

아쉬운 석별의 정을 나누고 나서 북유럽으로의 여정을 떠났다. 독일 뒤셀도르프에서 고속열차 이체ICE를 타고 함부르크역에 내려 스톡홀름행 기차를 갈아타기로 했다. 그런데 3시간 반을 달려 함부르크역에 도착하니 스톡홀름행 기차는 떠나고 없었다. 기차가 연착한 것이었다. 시내버스도 제 시각에 칼같이 도착하는 독일에서 기차가 연착하리라고 예상하지 못했다. 하필 그날 함부르크에서 큰 행사가 있어 유스호스텔에 방이 없었다. 결국 다시 뒤셀도르프로 돌아왔다. 이처럼 북유럽은 쉽게 문을 열어 주지 않았다. 다음 날 다시 짐을 챙겨 길을 떠났다. 이번엔 열차를 갈아타는 시간을 여유 있게 잡아 스톡홀름행 기차에 몸을 실었다. 그전까지는 고속열차는 독일 이체 ICE나 프랑스 테제베 TGV가 가장 좋은 줄 알았는데 아니었다. 북유럽 기차가 훨씬 쾌적하고 서비스가 좋았다.

해가 저물어가는 저녁, 스톡홀름 Stockholm에 도착했다. 왠지 모르게 스톡홀름이라 불리는 이름이 참 좋다. 보기에도 그렇고 부르기에도 참 좋다. 스톡홀름 시내를 거닐다가 작은 호텔에 하룻밤 묶으러 들어갔다. 그런데 숙박비가 너무 비쌌다. 결국 호텔에서 조용히 나와 뜬눈으로 새벽이슬을 맞으며 밤을 새웠다. 다음 날 아침 도저히 스톡홀름에서 잘 수 없는 상황을 해결할 방안이 떠올랐다. 기차를 타고 무작정 한 시간 정도 거리의 역에서 내렸다. 에스킬스투나 Eskilstuna. 그곳에서 유스호스텔을 잡고 기차로 오가며 스톡홀름을 여행했다. 이후 스톡홀롬에서 오슬로를 거쳐 서쪽 끝 베르겐까지 스웨덴과 노르웨이의 이곳저곳을 바람이 부는 대로 돌아다니다 덴마크 코펜하겐을 마지막으로 3주간의 여행을 마쳤다.

북유럽 여행을 마치고 한국으로 돌아와서도 북유럽의 자연과 거리를 거닐던 사람들의 모습이 오래 기억 속에 남았다. 북유럽 사람들은 남녀 모두 참 잘 생겼다. 좀 더 정확히 말하면 세련됐다고 하는 것이 맞을 것 같다. 어느 날 동생에게 이런 말을 한 적이 있다.

"재범아! 북유럽 사람들은 다들 귀티가 나. 어느 나라나 특별히 인물이 출중한 사람들이 있는데, 어찌 거기 사람들은 하나 같이 잘 났을까?"

잠시 생각에 잠기더니 동생이 손뼉을 치며 말했다.

"형! 그 사람들 바이킹 후손이잖아! 여기저기 돌아다니면서 예쁜 여자는 다 데리고 왔겠지!"

동생과 웃으며 이야기를 나눈 것처럼 우리에게 북유럽 하면 먼저 떠오르는 것이 바이킹이다. 바이킹은 노르웨이계, 덴마크계, 스웨덴계로 나뉘어 약탈과 교역을 통해 영역을 확장해 나갔고, 일부 지역에서는 정착하며 그들만의 세력을 뿌리내렸다.

노르웨이계 바이킹은 북해 셰틀랜드를 기지로 삼아 영국을 습격했다. 839년에는 노르웨이의 투르게이스가 아일랜드에 더블린시를 세우고 인근 지역의 왕으로 군림하기도 했다. 바이킹은 남쪽으로 더 내려와 843년에 프랑스의 브르타뉴 Bretagne와 낭트 Nantes를 습격했고, 844년에는 포르투갈의 리스본까지 원정을 떠났다. 또 멀리로는 아프리카까지 진출했었다. 이들은 원주민이 별로 살지 않는 곳이나 방어가 허술한 지역을 골라 침략했다. 작은 병사 규모로 필요한 물자를 약탈해 빠져나오는 방식을 주로 이용했다.

반면 덴마크계 바이킹은 이미 사람들이 많이 거주하고 있고, 사회 체계가 잡힌 서유럽 전역을 집요하게 공략해 나갔다. 약탈하기 쉬운 해변뿐만 아니라 강을 거슬러 올라가 내륙 도시들도 파괴했다. 이들은 배를 육지로 끌어 올린 후 통나무를 받침대로 삼아 이동하는 강인한 정신력을 보였다. 영국인들이 데인족이라 부른 덴마크계 바이킹은 영국 브리튼 섬을 시작으로 본격적인 침략을 일삼았다. 이들은 템스강 하구에 요새를 쌓았고, 이곳을 거점으로 내륙 깊숙이 공격해 나갔다. 데인족은 침략을 더 이상 하지 않는다는 조건으로 거주 지역민들로부터 거액의 배상금을 받곤 했다. 이러한 세금을 데인겔트 Danegeld라고 불렀다.

스웨덴계 바이킹은 다른 바이킹들과는 달리 발트해를 건너 폴란드, 러시아를 포함한 동유럽뿐만 아니라 흑해와 카스피해까지 이르렀다. 드니프르강을 통해서는 흑해와 콘스탄티노플에 진출했고 볼가강을 통해서는 카스피해와 바그다드까지 진출했다. 이 과정에서 스웨덴계 바이킹은 약탈이 아니라 교역하는 방법을 택했다. 9세기 중반 슬라브인과 활발한 교역을 나눈 상인들로 루스인 Rus이 있었다. 이들은 스웨덴계 바이킹으로 처음에는 약탈이 목적이었으나 점차 교역을 통해 정착한 민족이었다. 루스인 족장 루리크 Rurik는 슬라브인들로부터 자신들의 통치자가 되어 달라는 요청을 받고, 862년 노브고로드 공국을 세우게 된다. 이것이 러시아의 시작이 되었다.

이렇게 다양한 바이킹이 왜 우리에게 약탈을 일삼는 해적의 이미지가 강한 것일까? 아마도 피해를 본 사람들 입장의 글을 접해서는 아닐까? 침략을 받은 영국 입장에서 기술된 바이킹에 대한 내용이 다소 편향되지는 않았을까?

침략을 일삼던 바이킹에게 큰 변화가 찾아온다. 10세기 말 스웨덴은 그리스도교를 받아들였다. 11세기 중엽부터 스칸디나비아반도는 교회로 가득 차게 되었다. 십계명 중 '살인하지 말라'라는 여섯 번째 계명으로 인해 바이킹이 더 이상 침략자가 아닌 평화로운 민족으로 변화하는 하나님의 놀라운 섭리를 보여주었다. 1523년 스웨덴의 구스타브 1세는 유럽에서 번지던 종교 운동을 받아들여 국교를 가톨릭에서 개신교로 바꾸었다.

행복의 비밀

북유럽 국가에 대한 흥미로운 조사 결과가 있다. 국제연합 UN에서 발표한 2024 세계 행복 보고서 World Happiness Report에 따르면 세계 156개국 중 행복 순위는 1위 핀란드, 2위 덴마크, 3위 아이슬란드, 4위 스웨덴이다. 노르웨이는 7위를 차지하고 있다. 북유럽국가들의 행복지수가 높은 이유가 무엇일까? 영국의 베스트셀러 작가인 마이크 부스는 북유럽인들이 행복한 이유에 대해 이렇게 이야기한다.

그들은 부자이고, 섹시하고, 유머 감각이 넘쳐. 그리고 저들은 일을 많이 하지 않아! They're rich! They're sexy! They're funny! They don't work that much!"

마지막 네 번째 말이 뇌리에서 떠나가지 않는다. 우리나라는 몇 등일까? 결과는 알고 있지만 기억하고 싶지 않다. 그냥 우리도 행복하다고 믿으며 살고 싶다. 내가 당장 북유럽에 가서 살 수 없는 한 그들과 비교해서 무엇하겠는가? 나중에 우리의 아들과 딸이 자라서 훗날 UN의 행복 보고서 조사 결과에서 우리나라가 1등을 하게끔 만들어가는 것 또한 행복하지 않을까! 독일이나 프랑스 사람들이 보기에도 스웨덴 사람들은 일을 많이 안 한다고 한다. 그런데, 스웨덴 사람이 노르웨이에서는 굉장히 부지런한 사람으로 통한다고 한다. 그러고 보면 모든 것은 상대적인 거 같다.

북유럽의 아늑함과 행복에는 어떤 비밀이 숨겨져 있는 것일까? 노르웨이와 스웨덴을 대변하는 말로 자유로운 자연 속의 삶을 뜻하는 『프리루프트슬리브 friluftsliv』가 있다. 자유 fri, 공기 lufts, 삶 liv이라는 단어를 합쳐서 만든 말이다. 스웨덴에서 태어나서 자라고 지금은 노르웨이 국적을 가지고 오슬로에서 일하고 있는 알렉산더는 이렇게 말한다.

"저는 프리루프트슬리브와 함께 자랐습니다. 자연은 그것을 소유한 사람만을 위해서가 아니라 모든 사람을 위해 존재합니다. 이를 명시한 『모든 사람의 권리 all men's right』라는 법이 있습니다. 자연을 훼손하지 않는다면 누구나 다른 이의 사유림에서 캠핑할 수 있습니다"

우리나라에서 등산하다 보면 높은 담이나 철조망으로 둘러진 곳을 많이 보았다. 사유지이니 출입을 금한다는 보기 흉한 표지판은 주변 풍경마저 삭막하게 만들었다. 이런 모습이 익숙한 내게 북유럽 사람들의 삶이 부러웠다. 북유럽 사람들의 야외 활동에 대한 애착은 정말 대단한 거 같다. 노르웨이 출장길에 스키점프 경기장을 지나가게 되었다. 가을이라 눈이 없는 산속의 경기장 주변을 수많은 남녀노소가 온 몸이 흙투성이가 된 채 숨차게 달리고 있었다. 그들은 굴러떨어질 것만 같은 아찔한 스키점프대 꼭대기를 향해 힘겹게 기어오르고 있었다. 화창한 날 왜 저런 고생을 하는지 이해가 되지 않았다. 알렉산더에게 물어보니 이런 격한 운동 말고도 추운 겨울날 점심시간에 조깅하는 사람들을 어렵지 않게 볼 수 있다고 한다. 스웨덴 속담에 이런 말이 있다.

"나쁜 날씨는 없다. 단지 나쁜 옷이 있을 뿐이다."

노르웨이에서는 날씨가 춥던가 비가 오거나 개의치 않고 어린아이들을 밖에 나가서 놀게 한다고 한다. 이런 생활 형태는 과거 야외에서 지내던 바이킹의 문화에서 물려받은 기질이라고 한다. 오늘날 프리루프트슬리브는 스웨덴, 노르웨이, 덴마크에서 광범위하게 쓰인다. 점심시간에 숲속 조깅, 자전거 출퇴근, 눈 오는 날엔 스키를 타고 출퇴근, 친구들과 함께 즐기는 호수가 사우나, 숲속 오두막에서 휴식을 취하는 모든 것을 말한다.

스웨덴에서 많이 쓰이는 단어로 과하지도 덜하지도 않게 적당히 정도의 의미를 가지는 『라곰 lagom』이 있다. 라곰이라는 말은 다양하게 쓰인다. "음식을 얼마나 줄까?" 혹은 "오늘 날씨가 얼마나 따스하니?"라는 물음에 "라곰"이라고 대답한다. 중산층 계급이 다수를 차지하고, 사회민주당이 오래 집권하고 있는 스웨덴에서 『일반 평균에 맞게 행동하고 대중 속에서 튀지 마라』라는 정서를 대변하기도 한다.

"너무 많이 일하지 말고, 지나치게 먹지 말고, 너무 빨리 운전하지 마라. 라곰이 제일이다."

라곰의 어원은 바이킹 시대 잔치에서 술을 나누어 마시던 풍습에서 나왔다. 술병을 돌려가며 나누어 마시는 전통에서 누군가 너무 많이 마시면 술이 모자라게 되고, 누군가 적게 마시면 골고루 분배를 못하게 되는 문제가 생겼다. 이러한 전통이 오랜 세월 동안 다져지며 라곰은 균형의 중요성을 일컫는 말이 되었다. 라곰이 통용되는 세계에서는 개인의 업적보다 팀의 성과를 중요시한다. 모두 함께 참여하고 팀이 이룩한 성과를 모든 이들이 공평하게 나눈다. 이것이 라곰이 만들어가는 행복의 시간이다.

덴마크를 대표하는 말에는 『휘게 hygge』가 있다. 한마디로 정의하기 어렵지만, 아늑함을 느끼며 지금의 순간을 느긋하게 즐기는 것이다. 행복감을 느끼는 상태, 편안하고 아늑한 기분이 드는 상태라고 보면 된다. 노르웨이에서 『코셸릭 koselig』이라는 단어가 같은 의미로 쓰인다. 달콤한 케이크를 먹거나, 초가 켜진 방안에서 따뜻한 코코아를 손에 쥐고 따스한 온기를 느끼며 잠이 드는 등 휘게의 의미는 다양하다. 덴마크인들의 생활에서 가정이 가지는 의미는 매우 중요하다. 대부분의 덴마크 사람은 집에서 휘게를 즐긴다. 휘게에 관해 물어보면 이런 팁을 들려준다.

"휘게는 지금 이 순간을 온전히 느끼는 겁니다. 주변 방해물들을 치우세요. 화면 속 세상을 던져버리세요. 그리고 나서 책을 읽고, 신문 잡지를 보고, 보드게임을 하고, 손으로 스웨터든 털양말이든 뭔가를 직접 만들고, 요리도 하고, 일과 상관없는 가벼운 대화를 나누세요."

노천카페에서 담요를 두르고 따뜻한 커피를 조금씩 머금는 일상, 공원의 푸른 잔디밭에 살며시 걷는 것, 때로는 제과점에서 아무 걱정 없이 단 것을 즐기는 이런 모습들이 행복의 비밀이다.

북유럽의 공통된 정서를 가장 잘 설명하는 것으로 얀테의 규범 Janteloven이 있다. 20세기 초 덴마크 출신 작가 악셀 산데모세 Aksel Sandemose의 소설에서 처음 나온 '얀테'라는 마을의 사람들이 지키는 11가지 덕목으로 다음과 같다.

당신이 중요한 인물이라 생각하지 마라

당신이 다른 사람만큼 선하다고 생각하지 마라

당신이 다른 사람보다 똑똑하다고 생각하지 마라

당신이 다른 사람보다 낫다고 생각하지 마라

당신이 다른 사람보다 더 많이 안다고 생각하지 마라

당신이 다른 사람보다 위대하다고 생각하지 마라

당신이 어떤 일을 잘한다고 생각하지 마라

다른 사람을 비웃지 마라

누군가가 당신을 좋아한다고 생각하지 마라

당신이 다른 사람에게 뭔가 가르쳐 줄 수 있다 생각하지 마라

우리가 당신에 대해 모르리라 생각하지 마라

북유럽은 나 혼자 1등이 아닌 『다 같이 2등』을 지향하는 사회다. 모든 것의 기준은 다수가 아닌 약자이다. 학교에서 우등반 열등반은 상상도 못 한다. 제일 느린 사람이 이해해야 다음으로 넘어간다. 교육 자체가 경쟁보다 협력을 중시하기 때문에 가능한 일이다. 교육은 그 나라가 추구하는 인재를 양성하는 과정이다. 북유럽의 교육은 누구를 이기고 올라가라고 가르치지 않는다. 대신 어떤 권위에도 두려워하지 말고 서로 도우라고 가르친다. 불합리한 점은 주저 없이 말하라고 격려한다. 이렇게 시작되는 개인의 행복이 쌓여 사회 안정으로 이어진다.

나의 학창 시절을 물끄러미 떠올려 봤다. 고교 시절 방학 때면 다음 학기에 배울 영어와 수학 과목을 선행 학습했다. 왜 그래야 하는지 의구심을 품지 않았다. 친구들이 다 그렇게 했기에 당연한 줄만 알았다. 어느 해는 학교 강당에 자습실을 만들어 전교 100등까지만 출입하게 하였다. 책상 역시 성적순으로 이름이 붙어 있었다. 월말고사가 끝나면 벽보에 전교 30등까지 이름이 게시되었다.

우리는 왜 남보다 앞서 빨리 가려 하고, 순위를 매기며 허겁지겁 달려야 했을까? 그토록 빨리 가려 했던 우리는 과연 얼마나 멀리 와있을까? 뒤처져 있던 친구에게 따뜻하게 손을 내밀지 않고 달려온 이들에게 우리라는 감정이 있을까? 십분 빨리 가려다가 몇십 년 먼저 간다는 교통안전 표어가 떠오른다. 남보다 먼저 그리고 조금 더 가지려다 우린 행복을 놓치고 살고 있는 건 아니었을까? 우리는 같은 도착점을 향해가면서 고작 남보다 조금 빨리 가려고 아등바등하고, 어차피 먹고 남길 음식을 나누지 않고 탐욕스럽게 움켜쥐고 있는 건 아닐까?

남과 비교할 필요 없이 사람들과 편안하게 차를 마시고 자연 속에 한가로이 어울려 시간을 보내는 게 행복이라면 굳이 숨 가쁘게 살지 않아도 된다. 노르웨이, 덴마크, 스웨덴 사람의 소박하고 평안한 행복에서 우리가 가야 할 길을 찾을 수 있지 않을까? 저들도 처음부터 이런 행복의 비밀을 찾은 것은 아닐 것이다. 낙농업의 대국 덴마크도 가난에 허덕이던 때가 있었고, 지금은 세계 제일의 부자 나라가 된 노르웨이도 바다에서 석유가 나오기 전까지는 척박한 땅에서 가난을 견디며 힘겹게 살아가는 곳이었다.

우리의 증조부모님께서 겪으셨던 나라를 빼앗긴 설움, 어느 날 갑자기 들이닥친 전쟁의 소용돌이에서 살아남으셔야만 했던 할아버지와 할머니의 처절한 삶, 그리고 우리의 부모님께서 헤치고 나오셔야 했던 가난의 굴레. 그분들의 희생으로 지금 편안한 시간을 보내고 있음에 감사함을 느낀다. 이제 우리의 아이들에게는 보다 좋은 세상을 넘겨줘야 하는 것이 지금 우리의 몫이 아닐까?

내 마음속엔 언제나 북유럽에 대한 알 수 없는 끌림과 그리움이 있다. 나중에 아들이 자라 고등학생이 되면 같이 배낭을 메고 노르웨이의 피오르드 여행을 하고 싶다.

회장 여권 주세요

　해외투자를 제대로 해보기로 마음먹고 세계 각국에 있는 증권사들과 네트워크를 구축하기로 했다. 나라마다 10개 이상의 증권사의 해외 세일즈 담당자 연락처를 하나씩 찾았다. 회사의 홈페이지를 들어가기도 하고, 블름버그 같은 정보단말기를 통해 담당자를 찾았다. 투자 대상 국가가 60개국 이상이었으니 600통 이상의 이메일을 보낸 셈이다. 이 중에 200곳에서 답장이 왔다. 몇 번 메일을 주고받으면서 조금씩 구체적인 대화를 나누다 보니 그 수가 줄어들었다. 투자자산 규모가 작다고 느끼는 외국 증권사 브로커들은 연락을 더 이상 하지 않았다. 한국과 거래하는데 제약이 있는 곳도 연락이 뜸해졌다. 시간이 지나 100개 정도의 외국 증권사가 남게 되었다. 이러한 과정을 통하면 좋은 거래 상대방을 구할 수 있게 된다. 시간이 지나서 남게 된 증권사는 이런 의미를 가진다. 첫째, 영어로 소통이 가능한 증권사이다. 둘째, 한국에 있는 기관을 거래처로 인식하는 증권사이다.

　해외 증권사 네트워크를 만들어가던 어느 날, 눈에 띄는 메일을 보게 되었다. 첫 인사말이 알 수 없는 글이었다. "bangapsepnida!"라고 쓴 뒤 영어로 본인이 노르웨이의 증권사에서 일하고 있는 알렉산더 Alexander Mikael Gaardendahl라고 소개했다. 노르웨이 인사말인가 하고 유심히 첫 글자를 읽는 데 우리말 "반갑습니다"를 소리 나는 대로 영어로 쓴 것이었다. 몇 차례 이메일이 오가고 전화 통화를 통해 대학 시절 한국에서 인턴쉽을 했다는 사실을 알게 되었다. 스웨덴에서 태어나 자라고, 호주에서 대학을 다녔다고 했다. 호주 대학 재학 중에 한국에서 인턴쉽을 할 기회가 생겨 서울에서 홈스테이하며 지냈다고 했다. 대학 졸업 후 노르웨이에서 일하고 있는 다양한 삶을 살아가고 있었다. 한국에서 이메일이 와서 무척 반가웠다는 알렉산더와 얼굴을 보지 못했지만 쉽게 친해졌다. 내겐 글로벌시장을 보는 다양한 시각이 필요했다. 미국, 영국, 독일 등의 국가에서 보는 시각과 함께 다소 객관적인 눈으로 시장을 평가할 수 있는 애널리스트가 필요했다. 이런 내게 북유럽의 증권사는 참신한 시각을 줄 수 있는 곳이었다.

　알렉산더가 근무하는 편리증권사는 1869년 설립된 글로벌 해운사 편리 Fearnley의 자회사였다. 오슬로의 노벨 평화센터 근처 바닷가에 위치한 아스트루프 펀리 현대미술관을 운영하는 곳으로도 유명한 기업이었다.

　학창 시절 북유럽을 여행할 때 노르웨이의 한 마을에 머물렀다. 고즈넉한 강가에 자리 잡은 마을에서 한가로이 연어 낚시를 하며 시간을 보냈다. 노르웨이에서는 강에서 낚시하려면 회비를 내고 라이선스를 취득해야 한다. 노르웨이 연어를 잡겠다는 마음에 회원등록을 했다. 낚시를 할 때 지렁이 같은 살아있는 미끼를 쓸 수 없었다. 강을 오염시켜 금지하는 거 같았다. 대신 낚싯바늘이 물고기 모양으로 되어 있었다. 하루 종일 연어를 잡으려 했지만 결국 빈손으로 돌아왔다. 하지만 아쉬움은 없었다. 깊은 산속 호숫가에 낮게 드리워진 구름을 보며 돌아오는 길, 마음마저 평온해졌다.

　길을 가다 한 상점에 걸려있는 만국기 중 태극기를 보고 반가운 마음에 사진을 찍었다. 시골 마을의 골목길에서 여유로운 표정으로 낚싯대를 메고 있는 그 사진을 좋아했다. 그런데 마을 이름이 생각나지 않았다. 가슴 깊이 고이 자리 잡고 있던 아름다운 추억들이 세상 풍파 속에 하나둘씩 밀려 사라지듯이……. 혹시나 하는 마음에 빛바랜 사진을 알렉산더에게 보냈다. 혹시 사진 속의 거리를 보고 어떤 마을인지 알 수 있겠냐고 물었다. 며칠 지나 알렉산더에게 답장이 왔다. 구글 지도에서 주소와 함께 그곳이 보스^{Voss}라는 곳이라 알려주었다. 오슬로에서 출발하여 서쪽 끝에 있는 베르겐으로 가는 길목에 위치한 마을로 아름다운 호수로 유명한 곳이었다. 사진 한 장으로 그 장소가 어디인지 찾아내는 것이 신기했다. 잊힌 보물을 찾은 것처럼 기뻤다.

　어느 날 노르웨이 증권사와 웃지 못할 해프닝이 벌어졌다. 우리나라 투자업계의 현실을 보여줬던 일이었다. 기관투자자가 해외투자를 하기 위해서는 수탁은행을 통해 해외증권사의 계좌를 개설해야 한다. 개인들이 증권사에서 계좌를 개설하는 것과 비슷하다. 그런데, 우리나라 은행에서 노르웨이 증권사와는 계좌를 개설해 본 적이 없다며 업무 진행에 난색을 표명해 왔다. 해외투자를 하면서 미국, 일본, 중국 등 몇몇 나라와만 업무를 해본 것이다. 금융허브를 꿈꾸는 대한민국의 현실이었다. 해외투자를 하면서 해외 각국의 증권사와 계좌조차 개설하지 못하면서 어찌 해외투자를 한다고 할 수 있겠냐고 은행 담당자를 설득했다. 그런데, 며칠 뒤 또다시 은행 담당자로부터 연락이 왔다.

　"노르웨이 증권사와 서명 문제로 일이 진행되지 않고 있습니다."

　계좌 개설을 위한 서류에 우리나라 자산운용사의 대표이사 도장을 찍어 보냈는데 노르웨이 증권사 측에서 서류에 서명해서 보내라고 했다는 것이다. 법인 인감 도장을 본 적이 없는 서양인에게 우리나라에서 보낸 서류는 공식 서류가 아니었다. 보통 서양에서는 계약서에 서명하고 주요 임원들의 서명임을 증명하는 서류를 함께 동봉한다.

하지만, 우리나라 회사에는 그런 서류가 없기에 노르웨이 증권사의 요청에 적절히 응할 수가 없었다. 서로서로 무시하는 일이 벌어졌다. 노르웨이 증권사는 한국 운용사에서 보내온 난생처음 보는 빨간 인주가 찍힌 서류를 인정하지 않았다. 또한, 우리나라 운용사도 있지도 않는 서류를 요구하는 북유럽 증권사의 요구를 받아들이지 않았다.

우여곡절 끝에 도장이 찍힌 서류를 인정하기로 했다. 서로 다른 관습을 이해하며 하나의 장애물을 넘은 순간, 이번엔 더 황당한 일이 벌어졌다. 서양의 금융거래에서 보편화된 KYC Know Your Client라고 불리는 업무가 있다. 말 그대로 금융거래에 있어 고객이 어떤 사람인지 철저히 파악하라는 원칙이다. 불법 자금은 아닌지, 테러 단체나 범죄 조직의 돈세탁은 아닌지 파악한다. 단순히 주식 거래를 하는데도 어떤 자금인지 단체의 성격이 어떤지까지 파악해야 하는 것이다. 어느 날 당황해하는 목소리의 전화가 왔다.

"문제가 발생해서 증권사 계좌 개설을 진행하기 어려울 거 같습니다. 노르웨이 증권사에서 저희 회장님의 여권 복사본을 보내라고 합니다."

매우 이례적인 일이었다. 상황을 파악해 보니 이러했다. 우리나라의 자산운용사는 유명 재벌기업의 계열사였다. 그런데, 모회사의 회장이 법정구속 상태였다. 정확한 내용 파악을 위해 회장에 대해 조사해야 한다는 것이었다. 우리나라에서 어느 누가 대기업 회장의 신분증 사본을 쉽게 받을 수 있을까? 결국 노르웨이 증권사에 신문에 보도된 사건의 전말을 자세히 이야기해 주었다. 그리고 거래하는 자금이 해당 기업과 상관없다는 것을 설명해 준 후 계좌 개설이 완료되었다.

서로 다른 환경에서 자라난 우리는 종종 나와 다른 것을 용납 못 하는 것 같다. 내가 알고 있는 것이 옳다고 여기고 나와 다른 것을 틀리다고 단정 지어 버리며 수많은 날을 지나오고 있다. 10대에 옳다고 확신했던 일들이 20대가 되어서는 어린 날의 착각이었음을 알게 될 때도 있다. 수십 년 확고히 지녔던 신념이 삶의 끝자락에서 아집이었음을 알고 후회와 용서를 구하는 삶도 있다. 내가 지금 알고 있는 것이 지극히 작은 것임을 안다면 우리는 서로에게 조금은 더 관대하지 않을까?

학생 신분으로 노르웨이 여행을 한 지 15년 지난 가을, 출장으로 오슬로를 다시 찾았다. 공교롭게도 출장 기간이 새벽기도 주간과 겹쳤다. 매년 봄과 가을에 일주일간 새벽 일찍 교회에 나와 기도하는 예배로 중요한 의미가 있는 시간이었다. 결국 오슬로 출장길 한국에서와 마찬가지로 새벽 5시에 일어나 호텔 방에서 인터넷으로 동영상 예배를 보며 새벽기도에 동참했다. 한국과 7시간 시차, 그리고 출장의 강행군 속에도 새벽에 일어나 새벽기도를 하는 것이 쉽지 않았다.

하나님께서 주신 이 세상에서의 길을 걷다 보면 정말 생각조차 해보지 못했던 일을 맞닥뜨릴 때가 있는 것 같다. 내게는 일어나지 않을 것만 같던 일들. 좋든 싫든 끝을 맺어야 하는 일들. 내 바람과 뜻대로 일이 진행되지 않고, 내 생각과 반대 방향으로 일이 진행되기도 한다. 그 당시 나를 감싸고 있는 현실이 이러했다. 억울했고, 견디기 힘들었다.

이번 새벽기도회의 주제는 『양은 목자의 음성을 듣는다』였다. 내가 원하던 음성이 아닐지라도 목자의 음성을 듣는 것이 양의 모습이었다. 지금 당장은 내가 이해할 수 없을지라도, 그 길로 가야 하기에 내가 원치 않는 길로 가라고 부르시기도 한다. 새벽기도회의 마지막 토요일, 분당의 예배당에 사람들이 모였을 한국 시각 새벽 5시. 이날만큼은 나도 예배당에 있고 싶어 금요일 밤 오슬로 대성당을 찾았다. 의자에 앉아 기도를 드리며 하나님의 음성을 듣고자 애썼다. 늦은 시각인데도 관광객들이 들어와 성당 안은 다소 어수선했다. 성당 맨 앞 커다란 십자가가 있는 단상 앞에 가서 무릎을 꿇고 기도드렸다. 아니, 차라리 울부짖음에 가까웠다. 억울하다고 분하다고 왜 내 바람과 다른 길을 보여주시냐고 목놓아 울었다. 얼마를 울었는지 모르겠다. 눈물을 흘려가며 기도하는 동안 예배당안에 들어섰던 관광객들은 아마도 나를 실성한 사람으로 여겼을 것이다. 교회를 나서는 길. 마음의 평안이 찾아들었다. 양은 목자의 음성을 듣는다. 내 바람, 내 생각이 아닌 하나님의 인도하심만을 따라간다.

다음 날 아침 오슬로 대성당이 있는 카롤 요한스 거리를 다시 찾았다. 아침 햇살과 상쾌한 공기를 다시금 머금고 돌아서는데 성당의 종소리가 울렸다. 그 소리는 마치 '재현아! 잠깐 들어왔다 가라'라는 하나님의 음성 같았다. 성당 안에 들어서자 파이프 오르간 연주를 하고 있었다. 공식행사가 있는지 옷을 멋지게 차려 입은 사람들로 가득했다. 조용히 빈자리에 앉아 찬송가 연주에 귀 기울였다. 전날 밤 서러움에 굵은 눈물을 하염없이 흘리던 곳에서 아름다운 음악을 들으며 깨달았다. 지금의 이 아픔도 내일의 기쁨으로 인도하시는 길임을.

옥스퍼드에서 날아온 편지

　가을 햇살이 따스한 아침! 런던 히스로 공항으로 가기 위해 인천공항 탑승 게이트에 앉아 있었다. 런던, 에든버러, 파리로 해외 출장길에 오르는 길, 창밖의 활주로를 멍하니 바라고 있는 내게 조하진 펀드 매니저가 말을 건넨다.

　"부장님! 무슨 일 있으세요? 안색이 조금 불편해 보이세요"
　"23년 전 내가 처음 해외여행을 간 곳이 영국이었거든. 그때 기억이 문득 나네."

　그랬다. 당시 군복무를 마치고 열흘 정도 지난 5월 1일, 달랑 왕복 비행기표 한 장 들고 홀로 유럽 배낭여행을 떠났다. 그 옛날 스무 세 살의 젊은 청년은 어느덧 또 다른 23년이라는 세월이 흘러 마흔여섯 살의 중년이 되어 있었다. 비행기가 이륙하고 창밖에 펼쳐진 구름 너머로 마냥 푸르던 날, 스무 살의 내 모습이 떠올랐다.

대학에서 과 대표를 맡으며 분주하게 보낸 신입생의 첫 학기가 끝났다. 유년 시절 이후 아주 오랜만에 다시 맛보는 여유로움이 가득한 여름방학! 어느 날 영어로 적힌 낯선 편지 한 통이 책상에 놓여 날 기다리고 있었다. 유심히 보니 편지봉투에 대학 이름에 적혀 있었다. 『University of Oxford』 웬 편지일까 의아했다. 봉투를 뜯어 보니 편지 한 장과 대학 안내 책자가 들어 있었다. 그제야 그해 봄, 무심코 옥스퍼드 대학에 편지를 보냈던 일이 떠올랐다. 재수하던 어느 날 강남 국기원 도서관에서 자료실 책장 앞을 서성이다, 무심코 영국 유학 가이드북 앞에서 발걸음이 멈췄다. 대학 입학시험에 떨어진 상심이 컸던 탓인지 책 속에 펼쳐진 영국대학에서의 생활 모습은 멋져 보였다. 그리고 일 년 후 대학생이 되고나서 아무 생각 없이 옥스퍼드 대학에 편지를 보냈다. 특정한 학과가 아닌 대학 대표 주소로 보냈다. 그 편지가 전달된 것이 신기했고, 답장을 보내준 것은 더욱 신기하였다. 내가 보낸 편지엔 특별한 내용도 없었다. 내 이름과 대학 1학년 남학생이다 정도만 밝히고 옥스퍼드에서 공부하고 싶다고 보냈다. 지금 생각

해 보면 엉뚱했던 거 같다. 인터넷이 보급되기 전인 1993년 옥스퍼드에서 날아온 편지는 두 가지 충격을 주며 내 삶의 모습을 바꾸어 놓았다.

첫 번째 충격은 긍정적이었다. 그 편지로 당시까지 막연히 입시 과목으로만 여겨졌던 영어가 사람 간의 의사소통 수단임을 그때 알았다. 덕분에 이후 다양한 언어를 공부하게 되는 좋은 계기가 되었다. 비록 어떤 말도 잘 못하지만, 영어, 독일어, 베트남어, 러시아어, 중국어, 일본어 등을 대학 교양과목이나 학원 수강을 통해 배웠다.

두 번째 받은 것은 말 그대로 충격이었다. 제인 민토 Jane A. Minto라는 직원의 답장에 이런 말이 있었다.

'전례로 보아 한국인의 능력을 의심한다. 따라서 당신이 우리 대학에 들어오기는 굉장히 어려울 것이다……. 하지만 난 당신의 능력을 믿는다.'

이 말에 난 숨을 쉴 수 없었다. 내가 보낸 편지에서 나에 대해 알 수 있는 정보는 20살 한국 남자라는 것 말고는 없었다. 그때 처음 알았다. 바다를 건너가면 내가 어떤 취급을 받는지. 그때 다짐했다. 꼭 영국 유학을 하러 가서 저들과 겨뤄보고 싶다고. 그녀의 말은 내 삶에 오랫동안 가슴속에 자리 잡고 있었다. 오랜 세월이 흘러 빛바랜 그녀의 답장이 지금도 책상 서랍에 있다.

◦◦◦◦◦

내 삶에서 처음 가본 외국이 영국이었다. 군 제대를 두어 달 앞두고 배낭여행을 준비하며 첫 목적지를 영국으로 정했다. 마침, 선임병이었던 홍지원 씨가 복무를 마치고 영국 케임브리지에서 어학연수를 하고 있었다. 제대 후 난생처음 외국으로 가는 비행기에 몸을 실었다. 홍콩을 경유해서 런던으로 향하는 기내에 머리카락이 검은 사람은 하나도 보이지 않았다. 한순간에 이방인이 되어버린 낯선 광경이 지금도 잊히지 않는다. 입대 전날도 그토록 긴장되지 않았건만, 영국으로 향하는 긴 비행시간 동안 잠을 이루지 못했다.

이른 새벽에 히스로 공항에 도착했다. 다행히도 홍지원 씨가 마중을 나와 있었다. 공항에서 나와 버스를 타고 케임브리지로 가는 2시간 동안 창밖에 낯선 풍경들이 펼쳐졌다. 케임브리지로 가는 길은 군 복무를 갓 마친 청년의 눈에 마치 꿈길 같았다. 군 생활을 함께 보낸 전우와 영국의 펍에서 에일맥주를 들이키며 군 제대의 해방감을 만끽했다. 이곳저곳을 걸어 다니는 것만으로도 마냥 행복했다. 케임브리지의 명소중 하나인 세인트존스 칼리지 St. Jone's College에 있는 탄식의 다리 Bridge of Sighs를 배경으로 사진도 찍었다. 이 사진은 액자에 담겨 지금도 책상 앞에 놓여 있다.

케임브리지에서 나흘을 보낸 후, 본격적인 여행을 위해 런던으로 향했다. 런던에 도착하여 이곳저곳을 다니다가 근위병 교대식을 보러 버킹엄 궁전을 찾았다. 책에서만 보던 빨간 군복에 기다란 검은 털 모자를 눌러쓴 근위병의 모습을 보는 것만으로도 흥미진진했다. 그런데, 갑자기 누군가 내 종아리를 걷어차는 것을 느꼈다. 놀라서 뒤돌아 보았으나 인파 속에 누가 그랬는지 알 수 없었다. 누군가 발을 헛디뎠겠거니 다시 앞을 보는데, 이번에는 더 세게 치는 것이 아닌가? 반사적으로 고개를 돌렸다. 금발의 백인 여고생들이 나를 보며 냄새가 난다는 식의 과장된 몸짓을 하며 비웃고 있었다. 순간 숨이 막혔다. 수많은 인파 속에 어찌 할 바를 몰랐다. 차라리 남자였으면 몸싸움이라도 했을 텐데. 더 이상 위병 교대식이 눈에 들어오지 않았다. 그곳에서 벗어나 트래펄가 광장을 서성이다 런던을 떠나기로 마음먹었다. 런던에 일주일 정도 머물려 했으나 이틀 만에 떠나버렸다. 곧장 스무 살의 여름에 받았던 편지의 주인공이 있는 옥스퍼드로 향했다.

초저녁 옥스퍼드에 도착하여 유스호스텔에 짐을 풀었다. 샤워를 하며 오전에 벌어진 악몽 같은 일을 씻어 내버렸다. 편한 옷으로 갈아입고 1층 로비를 서성이다 문을 열고 앞뜰로 나섰다. 그 순간 여러 명의 여고생이 요란스럽게 웃고 난리가 났다. 바로 오전에 버킹엄 궁전에서 당한 수모가 잊히기도 전에 다시 사건이 터져버렸다. 이젠 여고생이고 뭐고 못 참는다고 다짐하고 그 악동들에게 다가서려는 순간 발걸음을 멈추었다. 그 학생들은 나를 놀린 것이 아니고 모든 사람이

문에서 나올 때마다 크게 웃으며 장난을 치고 있던 것이었다. 사춘기 소녀들의 장난기 가득한 발랄함.

조금 떨어진 곳에 앉아 바람을 쐬고 있는데 갑자기 누군가 등 뒤에서 내 옆구리를 톡 건드렸다. 호기심 어린 눈으로 한 소녀가 말을 걸어왔다. 어디서 왔는지 이름이 뭔지 묻기 시작하더니 이내 많은 대화가 이어졌다. 자기네들은 프랑스 앙제 Angers라는 곳에서 수학여행 온 고등학생이라고 소개했다. 영어가 서툰 탓에 서로 힘들게 손짓과 몸짓을 써가며 이야기를 나누는 사이 어느새 스무 명이 넘는 여고생들이 나를 둘러싸고 있었다. 동양인을 처음 본다는 학생들과 뜰에서 이야기를 나누었다. 정감 어리게 수다스러운 프랑스 여고생에 둘러싸인 시간은 정신없이 지나갔다.

다음 날 아침 일찌감치 유스호스텔 식당에서 아침을 먹는데 프랑스 소녀들이 저만치에서 보인다. 마치 황소 떼가 몰려오듯 왁자지껄 식당으로 오더니 다시 날 둘러싸고 앉는다. 어제 유독 말이 많았던 쟌느가 내 옆에 앉더니 빵 하나를 슬쩍 내게 건넨다. 정신없이 쏟아 나오는 소녀들의 말속에 내 이름을 '제이'하고 발음하는 한 학생이 내게 묻는다.

"제이! 어제 쟌느가 무슨 이야기 했는지 알아요?"

어리둥절해하는 내 모습을 보고 있던 쟌느가 손사래를 치며 불어로 뭐라 말하더니 친구들의 입을 막으려 한다. 그러자 그 학생이 웃으며 내게 말한다.

"She wants you!"

얼굴이 붉어진 쟌느가 깔깔거리며 웃는 친구들에게 먹던 빵조각을 던지며 쑥스러워한다. 잠시 후 그녀들은 프랑스에 오면 꼭 앙제에 놀러 오라는 말을 남기고는 썰물처럼 유스호스텔을 빠져나갔다. 발랄한 프랑스 소녀들 덕분에 런던에서의 나쁜 기억을 떨쳐버리고 즐겁게 옥스퍼드에서 시간을 보냈다.

추억을 선물받은 케임브리지

　영국은 마음속에 가장 가까운 나라였다. 영국에서 날아온 편지 한 장에서 외국에 나가보고 싶다는 꿈이 시작되었다. 덕수궁에 있던 영국문화원에서 영어를 배우며 오랜 시간 영국 유학을 준비했다. 그런데 바람과는 다르게 흘러가는 것이 우리네 인생인지 유학길에 오르지 못했다. 헤어진 연인과의 추억을 억지로 꺼내지 않듯 영국에 대한 기억을 애써 떠올리지 않았다. 여행이든 출장이든 일부러 영국을 가려 하지 않았다. 그런데, 몸을 실은 비행기는 23년 만에 런던 히스로 공항에 도착하고 있었다.

해외 출장을 가면 지키는 몇 가지 나만의 원칙이 있다. 첫째, 아침마다 조깅을 한다. 공원이 있거나 강 근처로 숙소를 잡는다. 런던 출장도 숙소는 템스강에서 조금 떨어진 곳으로 잡았다. 둘째, 업무를 보기 하루 전에 현지에 도착한다. 출장을 다니던 초에는 시간을 아끼기 위해 업무를 보는 당일 현지에 도착했다. 공항 화장실에서 간단히 세면을 하고 비즈니스 미팅 장소로 곧장 달려갔다. 이런 것이 책상에 앉아 해외 출장 일정을 짜는 탁상공론의 실수라는 걸 깨닫는 데 오랜 시간이 걸리지 않았다. 시차 적응이라는 것은 몸으로 겪기 전에는 실감하지 못한다. 특히, 업무상 해외 출장에서 몸이 반응하는 것은 여행으로 왔을 때와 엄연히 다르다. 하루 종일 몽롱한 상태에서 당일 업무를 정상적으로 보기는 매우 어렵다. 또한 장시간 비행기를 타고 산뜻하지 못한 모습으로 비즈니스 상대를 만나는 것은 협상력과 위신을 떨어뜨린다. 이런 일을 겪고 나서는 꼭 업무 하루 전에 도착하여 시차 적응을 하고, 다음 날 의복을 잘 갖추고 비즈니스에 임한다.

아침 일찍 히스로공항에 도착하여 1시간 정도 거리의 런던 시내 숙소로 향했다. 로비에서 체크인을 마친 후 함께 출장 온 일행들과 헤어졌다. 일요일은 각자 시간을 보내고 월요일 아침에 만나기로 했다. 숙소에 짐을 풀고 피곤한 몸을 침대에 뉘고 눈을 감았다. 다음 날 바쁜 방문 일정과 시차 적응을 위해 낮잠을 자려 했는데 잠이 오질 않았다. 몇 번을 뒤척이다 일어났다. 결국 가벼운 옷차림으로 숙소를 나섰다. 템스강을 걷다가 문득 1시간 정도 거리에 있는 케임브리지에 다녀오고 싶었다. 머나먼 타국 땅 이름 모를 골목에 숨쉬고 있을 오래전 추억과 만나고 싶었다. 어느새 발걸음은 킹스크로스 King's Cross역으로 향하고 있었다. 역에 도착하여 열차시간표를 보니 다행히 곧 출발하는 기차가 있었다. 표를 사려는데 누군가 반갑게 인사를 한다.

"부장님! 여기서 다시 만나네요?"
"조 매니저님은 어디 가시나요?"
"아니요! 숙소에 있다가 킹스크로스역이 영화 해리포터로 유명한 곳이라 일행들과 같이 보러 왔습니다."

아쉽게도 나는 소설이나 영화로 해리포터를 보지 못해서 감흥이 없었다. 이곳이 해리포터가 마법 학교로 가는 기차를 타는 9 ¾승강장이 있는 곳이라 관광객이 많다고 했다. 케임브리지에 잠시 다녀올 거라 하자 조 매니저 일행이 함께 가자며 기차에 올랐다. 홀로 다녀오려던 여정이 길동무가 생긴 즐거운 길로 바뀌었다. 기차에 올라타 이런저런 이야기 나누는 사이 어느새 기차는 오래전 추억이 깃든 곳으로 데려다주었다.

케임브리지 대학가를 걸으며 이십 대 젊은 날의 꿈이 다시금 살아 숨 쉬는 듯 떠올랐다. 문득 옛날에 사진을 찍었던 탄식의 다리 앞에 가보고 싶었다. 그런데 지난날 커다란 지도를 펼쳐가며 찾아갔던 탄식의 다리는 핸드폰의 작은 지도 화면 속에 갇힌 채 아무리 돌아다녀도 모습을 드러내지 않았다. 분명히 근처에 탄식의 다리가 있다고 나오는데 이상하게도 우리는 주변만을 맴돌고 있었다. 한참을 서성이다 주변 사람들에게 물어보니 세인트존스 칼리지 안으로 들어가야 볼 수 있다고 했다. 그러고 보니 흐릿한 옛 기억 속에도 어느 대학 안으로 들어갔던 것 같았다. 그런데 세인트존스 칼리지에 들어가려면 7.5파운드의 입장료를 내야 했다. 10,000원 정도 되는 입장료였지만 선뜻 들어가지 못하고 한참을 서성였다. 혼자였으면 들어갔을 텐데 다른 일행들에게 입장료까지 내게 하고 싶지는 않았다. 결국 발걸음을 돌렸다. 그런데 잠시 후 조 매니저가 손에 입장권 들고 뛰어왔다.

"부장님, 입장권 사 왔어요. 다 같이 들어가요!"

조하진 매니저와는 특별한 인연이 있다. 은행에서 근무하다 자산운용사로 이직했을 때 그는 신입직원으로 입사해서 함께 일을 했다. 나름 입사 동기인 셈이었다. 시간이 흘러서 둘 다 이직을 해서 서로 다른 회사에서 펀드매니저로 일하고 있었다. 표를 왜 사왔냐고 하자 웃으며 말을 건넨다.

"부장님께 추억을 선물해 드리고 싶었어요!"

케임브리지로 오는 기차안에서 들려준 이야기가 떠올랐던 모양이다. 이렇게 추억이 깃든 시간속으로 들어갔다. 먼발치에서 탄식의 다리가 보였다. 23년의 세월만큼 주변의 나무들은 많이 자라나 다른 모습을 하고 있었다. 나는 얼마나 자라났을까? 23살의 내가 걸터앉았던 난간에 46살이 되어 다시 앉아보았다. 23살에 내 꿈이 글로벌 펀드매니저는 아니었다. 아마 그때는 펀드매니저란 직업이 있는지도 몰랐을 것이다. 다만 다른 나라 사람들과 어깨를 나란히 겨루어보고 싶었다. 어찌 보면 그런 막연한 꿈이 글로벌 펀드매니저의 세계로 발걸음을 내딛게 만든 건 아닐까?

런던으로 돌아오는 기차 창밖으로 넓은 초원 너머 무지개가 하늘을 곱게 수놓고 있었다. 우리는 모두 꿈을 가꾸어 가는 대한민국의 푸르른 청춘이다.

브렉시트

2016년 6월 23일, 영국은 국민투표로 유럽연합 European Union (EU) 탈퇴를 결정하였다. 브렉시트 Brexit (Britain+Exit) 투표 당일, 모든 펀드매니저들이 사무실에 앉아 머나먼 영국에서 벌어지는 개표 방송을 생중계로 지켜보고 있었다. 근무 중에 생방송을 보며 예의주시한 사건이 몇이나 있었을까? 2002년 월드컵 우리나라와 미국의 경기, 남북 정상회담. 정신없이 바삐 돌아가는 펀드매니저의 일상에서 생방송을 보는 일은 흔치 않다. 그만큼 브렉시트는 글로벌 투자자에게 중요한 사건이었다.

아이러니하게도 유럽의 통합을 처음 주장한 나라는 다름 아닌 영국이었다. 1946년 영국 보수당의 윈스턴 처칠 Winston Churchill 수상은 스위스 취리히에서 유럽합중국을 세워야 한다고 연설하였다. 그런데 1957년 유럽경제공동체 European Economic Community가 창설될 때 영국은 가입을 거절했다. 이후 1960년 태도를 바꾸어 가입을 신청했지만, 프랑스 드골 대통령에 의해 거부된 후 가까스로 1973년에 가입하였다. 하지만 1983년 또다시 영국 노동당은 즉각적인 유럽경제공동체 탈퇴를 총선 공약으로 내건 적도 있었다. 영국은 애당초 유럽연합에 미온적인 태도를 보여왔다. 공통 통화인 유로화를 쓰지 않고 파운드화를 사용하였고, 유럽연합내의 무비자 여행 관리 시스템인 셍겐조약 Schengen Agreement 밖에 있었다.

유럽대륙과 거리감이 느껴지는 영국의 태도에는 역사적인 배경이 있다. 영국은 안보에 위험을 줄 수 있는 강대국이 나타나지 못하도록 유럽 대륙의 일에 간섭하였다. 강대국의 반대 세력과 동맹을 맺어 힘의 균형을 유지하려 하였다. 유럽대륙에는 15세기부터 강력한 중앙집권체제를 갖춘 프랑스가 유럽 대륙을 호령하고 있었다. 프랑스가 절대 패권을 가지고 있던 500년 동안 영국은 프랑스의 적과 동맹을 맺어왔다. 1775년 미국이 영국과 독립전쟁을 벌이자, 프랑스는 막대한 돈을 들여 미국을 지원하고 의용군까지 파견하였다. 1805년 영국은 프랑스 나폴레옹과 그 유명한 트라팔가르 해전을 치르게 된다. 1871년 프로이센이 도이치 제국을 건설하여 강대국으로 부상하자, 숙적 관계

이던 영국과 프랑스는 손을 마주 잡는다. 이렇듯 복잡한 관계 속에서 영국의 위치는 태초부터 불안한 것 아니었을까?

영국은 유럽과 별개일까? 아니면 유럽의 국가일까? 우리가 말하는 유럽의 정의는 무엇일까? 지금부터 2500년 전 역사의 아버지라 일컫는 그리스의 역사가 헤로도토스는 이렇게 말했다.

"그 누구도 유럽에 대해 정확히 알지 못한다."

이는 지금도 마찬가지이다. 유럽 동쪽 경계는 어디일까? 러시아의 모스크바, 상트페테르부르크 등 서부는 유럽에 속하지만, 블라디보스토크, 노보시비르스크 등 동부 지역은 아시아에 속한다. 터키 이스탄불의 보스포루스 서쪽 지역은 유럽에, 동쪽은 아시아에 속한다.

유럽이라는 이름의 유래와 관련된 아름다운 전설이 있다. 페니키아(오늘날 레바논)에 아름다운 에우로페 Europe 공주가 살고 있었다. 제우스가 그녀를 보고 한눈에 반해 황소로 변해 공주에 접근했다. 공주가 등에 올라타자, 제우스는 바다 건너 그리스 크레타섬까지 달렸다. 그곳에서 공주에게 자신이 제우스이고 그녀를 선택했음을 고백했다. 유럽 대륙의 이름은 이 공주의 이름에서 따온 것이다.

영국은 바다로 인해 유럽과 동떨어진 곳이라고 봐야 할까? 혈연관계를 살펴보면 둘 사이의 구분은 더욱 모호해진다. 영국 왕실과 유럽 왕실은 혼인을 통해 매우 복잡한 역사를 지닌다. 영국 하노버 왕가의 빅토리아 여왕은 앨버트공과 결혼했다. 앨버트 공은 독일 일대를 지배한 유럽의 강국 프로이센 출신이다. 그의 가문은 벨기에 왕실을 이어가고 있다. 빅토리아 여왕의 손녀는 러시아 황제의 동생과 결혼했다. 영국 왕실은 1차 세계 대전을 일으킨 독일에 대한 반감으로 1917년 하노버가에서 윈저가로 이름을 바꾸었다. 하노버 Hannover는 독일 니더작센주의 주도이다. 70년간 재위하고 96세를 일기로 서거한 엘리자베스 2세 여왕의 남편 필립공은 그리스 왕실 출신이었다. 그리스 왕실의 뿌리인 올덴부르크 가문은 덴마크와 노르웨이 왕실의 뿌리이기도 하다.

1951년 영국 처칠 수상은 독일 아데나워 총리에게 말했다.

"영국은 항상 유럽과 나란히 서 있을 겁니다."

이에 아데나워 총리는 이렇게 답했다.

"저를 실망하게 하시는군요. 영국은 유럽의 일부입니다."

유럽과 EU를 달리 보는 영국의 애매한 태도는 캐머런 총리가 브렉시트에 대한 국민투표를 실시하겠다고 발표한 때도 드러났다. "우리가 EU를 탈퇴한다고 하더라도 우리가 유럽을 떠날 수는 없을 겁니다. EU는 우리의 가장 큰 무역 동반자이고 영원히 우리의 지리적 이웃입니다."

반면 독일의 메르켈 총리는 "유럽은 EU이고, EU는 유럽이다"라고 말한 적이 있다.

이러한 영국은 2016년 6월 23일 국민투표를 실시하여 52:48의 근소한 차이로 유럽연합 탈퇴를 결정했다. 리스본 조약 50조에 따라 브렉시트 관련 협상의 종료 시점은 2019년 3월 말이었다. 메르켈 총리는 『추한 협상』이 되지 않기 희망한다고 피력했고, 유럽 집행위원회 융커 위원장은 『원만한 이혼』은 예상하지 않는다고 말했다. 그런데 꼭 이혼은 상처투성이가 된 채 추한 진흙탕 싸움이 되어야만 할까? 어차피 떠나가게 되었다면 좋았던 기억을 남긴 채 보내줄 수 있지 않을까? 어차피 이젠 남이고 다시는 한 공간에서는 볼 일이 없을 텐데 말이다.

영국을 방문한 2019년 여름, 영국과 유럽연합은 브렉시트 협상 기한인 3월을 넘긴 채 재협상을 반복하며 합의를 이루지 못하고 있었다. 우려대로 협상은 원만하게 진행되지 않고 있었다. 펀드매니저에게 브렉시트 협상 진행은 초미의 관심사이었다. 협상 테이블에서 나오는 말 한마디로 금융시장이 크게 요동치곤 했다. 이번 출장에서 현지인들과 얼굴을 마주 보며 그들의 생생한 이야기를 듣고 싶었다. 이를 통해 향후 금융시장의 방향성에 대해 파악하고자 했다.

영국 금융사와의 미팅에서 우리 일행은 투자자로서 중요한 상황들을 하나씩 점검했다. 투자 전략, 리스크 관리 체계, 인력 운용 현황 등을 꼼꼼히 살펴보고, 직원들이 일하고 있는 사무실 이곳저곳을 둘러보았다. 업무에 임하고 있는 직원들과 가벼운 눈인사도 나눈다. 지구 반대편에 있는 나라에서 본인들에게 투자하겠다고 오니 호기심 어린 눈으로 인사를 한다. 영국의 펀드매니저들과 글로벌 시장 전망에 관한 이야기를 나누며 브렉시트에 대한 전망을 물어보았다. 그런데 다들 비슷한 반응들이 나왔다. 그다지 깊게 생각하지 않는 듯 보였다. 본인들이 투자하고 있는 전략이나 기업들에 대해서는 열정적인 설명을 했다. 그런데 정작 브렉시트에 대해서는 별다른 반응을 보이지 않았다. 오히려 한국에서 온 우리들이 더 민감한 반응을 보이는 듯했다.

영국이 유럽연합 탈퇴를 결정하겠다는 국민투표 결과가 나온 뒤 영국내에서 인터넷 검색 상위 질문이 『유럽연합 탈퇴가 무슨 의미인가요? What does it mean to leave the EU?』, 『유럽연합이 뭔가요? What is the EU?』였다고 한다. 아마도 일반 국민들은 관심이 없었던 모양이다.

학창 시절 독일 유학 중 외국인 혐오단체인 네오나치에 대해 걱정을 많이 했다. 당시 네오나치가 한국인 유학생을 기차 밖으로 집어 던졌다는 뉴스도 나오고, 한국 학생을 구타했다는 뉴스가 나오던 터라

거리로 나서는 것도 꺼려졌다. 그런데 막상 현지 교민들은 별 대수롭지 않게 여기는 듯했다. 불안해하는 내게 한 교민이 말했다. "너무 걱정 안 해도 돼! 네오나치를 마주할 확률은 교통사고 당할 확률과 비슷해. 매일매일 교통사고 날지 걱정하며 살지는 않잖아!" 어찌 보면 지나친 걱정은 외부에 있는 사람들이 더 많이 하는 거 같다. 우리나라로 유학을 오는 외국인 학생의 일부 부모들은 아직도 한국은 북한이 전쟁을 일으키고, 매일 데모가 일어나서 위험하다고 걱정을 한다고 한다.

영국 현지 금융인들의 반응은 브렉시트는 정치적인 쇼에 불과하다고 말했다. 펀드매니저들의 투자 관점에서 브렉시트가 미치는 영향이 그다지 크지 않다는 것이다. 아마 하루하루 살아가는 데는 큰 지장이 없을 것이다. 일반적으로 금융업에 종사하는 이들은 사회에서 기득권을 가지고 있는 이들이 많을 것이다. 유럽연합 탈퇴 여부를 국민투표로 결정하자고 한 캐머런 총리는 핵심 권력을 가진 집단의 수장으로서 무책임하지 않았을까? 당시 유럽연합 잔류를 주장하던 캐머런 총리는 총선에서 승리하기 위해 유럽연합 탈퇴 여부를 국민투표에 부치겠다는 공약을 했다. 그도 투표 결과가 설마 탈퇴 찬성으로 나올지 몰랐을 것이다. 영국이 세계의 패권을 쥐고 있던 시절을 그리워하는 낡은 기성세대가 찬성해 버린 브렉시트. 그들에게는 브렉시트가 별 영향을 미치지 않을는지도 모른다. 최소한 그들이 살아 나갈 동안은. 하지만 유럽연합이라는 큰 경제권역에서 탈퇴함으로써 오는 수많은 기회를 잃어버린 젊은 세대에게 무책임한 행동이 아니었을까? 브렉시트에 대한 협상 결과가 막바지로 치닫던 때에 머물렀던 영국에서 뭔지 모를 씁쓸함을 느꼈다. 대다수 국민의 윤택한 삶을 생각지 못한 기득권층의 판단이 어떤 미래를 가져다줄까?

2024년 가을 가족들과 오손도손 저녁 시간에 이야기꽃을 피우는데, 텔레비전에서 "브렉시트"라는 기자의 말이 유난히 크게 들렸다. 2019년 영국에 다녀온 지 5년의 시간이 흘렀다. 잠시 식사를 멈추고 브렉시트 관련 심층보도에 보도 내용에 귀 기울였다.

영국은 2021년 1월 1일 자로 완전히 유럽연합과 결별하였다. 이후 영국 경제가 보여주는 모습은 심각한 우려를 자아내고 있다. 시장 전문가들은 브렉시트를 하지 않았을 경우와 비교해서 영국의 GDP는 감소하고, 투자는 줄었다고 분석했다. 미국 CNN 방송은 브렉시트 이후 영국의 경제적 기반에 균열이 생기기 시작했다고 보도하였다. 영국의 성장동력은 동유럽국가에서 이주해 온 저임금노동자의 노동 공급에 기반을 두었다. 그런데 유럽연합 탈퇴 이후 이민 규정이 강화되면서 식당, 병원, 농촌 등에서 일손 부족 현상이 발생하였다. 이로 따라 성장 둔화와 물가 상승이라는 늪에 빠져버리고 만 것이다.

방 안의 코끼리 elephant in the room라는 말이 있다. 좁은 방안에 커다란 코끼리가 있는 상황은 상상만 해봐도 매우 심각한 상황이다. 그런데 방 안에 코끼리가 있는 것을 모두가 알고 있지만, 아무도 먼저 이야기를 못하는 문제를 비유하는 표현이다. 다수가 반대할 것 같은 상황에서 괜히 먼저 말을 꺼냈다가 부정적인 결과를 초래할 것 같은 불안감 때문이다.

영국의 극심한 경제난의 근본적인 원인이 브렉시트라는 것을 모두 알고 있다. 하지만, 정치적 역풍이 두려워 정치인들은 공개적으로 브렉시트에 대한 언급을 꺼리고 있다. 브렉시트는 영국에 있어 방 안의 코끼리인 셈이다. 브렉시트가 잘못되었다는 것을 알면서도 누구도 사실을 말하지 못하는 일종의 금기가 되어버린 셈이다. 2010년부터 보수당이 장기 집권하는 동안 무려 5명의 총리가 있었다. 데이비드 캐머런, 테리사 메이, 보리스 존슨, 리즈 트러스, 리시 수낵. 하지만 5명 중 누구도 브렉시트가 잘못되었다고 솔직히 인정하지 않았다. 결국 2024년 총선에서 노동당이 승리하며 14년간의 보수당 정권이 교체되는 결과가 나왔다. 브렉시트를 후회한다는 브레그레트 Bregret (Britain+Regret)라는 신조어까지 탄생한 지금 앞으로 영국의 미래는 어떻게 펼쳐질까?

런던과 에든버러

런던에서의 마지막 미팅은 버킹엄 궁전 근처에 있는 회사 방문이었다. 모든 일정을 마치고 걸어 나오는데 눈앞에 버킹엄 궁전이 펼쳐졌다. 일부러 발길을 궁전 반대편 공원으로 돌렸다. 숙소까지 멀리 돌아서 가는 길이었다. 공원 벤치에 앉아 미팅에서의 긴장감을 돌리는 내게 조하진 매니저가 의아한 듯 묻는다.

"여기까지 왔는데 버킹엄 궁전 안 보고 가세요?"

20년이 지난 일인데도 버킹엄 궁전에서의 아픈 기억이 생생하게 떠올랐다.

인종차별에 대해 몇 번 더 겪어 본 적이 있다. 독일에서 인턴십으로 은행에서 일할 때 일이다. 친하게 지내던 독일 직원들과 점심 후 휴식 시간에 오손도손 둘러앉아 커피를 마셨다. 영어로 대화를 나누던 중 잠시 독일말로 자기들끼리 대화를 하겠다고 내게 양해를 구했다. 평상시 가장 살갑게 대하던 직원이 나를 힐끗 보더니, 미소 띤 얼굴로 다른 동료들에게 "저 사람 개고기 먹는 야만인이야!"라고 조롱했다. 내가 독일말을 배웠다는 사실을 그들은 몰랐다. 얼굴이 화끈거렸다. 그 자리에 태연하게 앉아 있을 수 없어 자리에서 일어나 조용히 건물 밖으로 나갔다. 며칠 뒤 독일에서 덴마크로 가는 배안에서 또다시 비슷한 일이 벌어졌다. 아장아장 걸음마를 하던 아기가 갑자기 내 앞에서 걸음을 멈췄다. 커다란 눈을 깜박거리며 신기한 듯 날 쳐다보았다. 그런데 아이 엄마가 아기를 안더니 웃으며 독일말로 아이를 달랜다. "걱정하지 마. 너 잡아먹는 식인종 아니란다." 황당한 마음에 씁쓸한 웃음만이 입가에 맴돌았다. 살면서 드물게 겪은 이런 일들 때문에 독일에 가기 싫거나 독일에서 보낸 시간이 퇴색되지는 않았다. 아마도 버킹엄 궁전에서의 일은 살면서 처음 당했던 일이라 내게 깊은 상처로 남아 있는 듯했다.

옛날 배낭 여행때 당한 일을 조하진 매니저에게 말해주었다. 실은 아침에 미팅 장소로 향하는 택시 안에서 버킹엄 궁전이 보이자 나도 모르게 두 눈을 감아버렸었다. 미팅이 끝나고 일부러 먼 길로 돌아서 오다 앉은 공원 벤치에서도 내 시선은 버킹엄궁전 반대를 보고 있었다. 갑자기 조 팀장이 나를 일으킨다.

"오늘 어두운 기억은 지워버리고 새로운 역사를 쓰러 가시죠!"

나는 옛날에 봤으니 혼자 보고 오라고 만류했다. 나를 억지로 끌고 가다시피 하는 통에 어느새 발길은 버킹엄 궁전 앞에 다다랐다. 지나치는 인파 속에 누군가 또 내 다리를 칠 거 같은 생각에 사로잡혔다. 언제나 그곳을 떠올리면 흐린 하늘에 와자지껄 소란스러운 광경만이 그려졌다. 그런데 다시 서 있는 그곳에는 맑고 화창한 날씨에 활기찬 사람들의 미소만이 가득했다. 그런가 보다. 마주하기 힘든 현실도 담대하게 마주하면 새롭게 바뀌나 보다. 사람은 서로에게 힘이 되어 주는 존재라는 것도 알았다. 지나간 시절 신입직원으로 만났던 이에게서 큰 위로를 받았다. 사람은 서로 의지하는 이들에게 힘을 얻는다. 그런 이들이 있는 건 참으로 감사하고 행복한 일이다.

런던에서의 일정을 마치고 스코틀랜드의 수도 에든버러로 출발했다. 런던 시내에서 가까운 런던시티공항에서 탑승하여 1시간 남짓 걸리는 비행기에 몸을 실었다.

영국은 옛날부터 그 명칭이 헷갈렸다. 영어로 영국 하면 잉글랜드 England라고 표현했는데 시간이 지나 틀린 표현이란 걸 알았다. 영국은 잉글랜드, 스코틀랜드, 웨일스, 북아일랜드로 구성된 국가로 공식 명칭은 그레이트 브리튼 북아일랜드 연합왕국 United Kingdom of Great Britain and Northern Ireland이다. 약칭으로 브리튼 Britain으로 불리고, 통상 금융업에서는 United Kingdom 또는 UK로 표시한다. 우리가 많이 보는 영국 국기 유니온잭은 네 지역의 국기를 합친 것이다.

우리가 많이 듣는 영연방은 무엇일까? 영연방 Commonwealth of Nations 은 영국과 함께 캐나다, 호주, 뉴질랜드 등 옛날에 영국의 식민지였던 국가들이 주축이 되어 구성된 국제기구이다. 현재 약 56개국이 가입되어 있다. 이 중 영국의 왕을 국가 원수로 하는 14개 국가는 영연방 왕국 Commonwealth realm으로 지칭한다. 대표적인 나라가 캐나다, 호주, 뉴질랜드이다. 국기에 영국 국기가 들어가 있는 호주나 뉴질랜드는 익숙했는데, 캐나다의 국가 수장이 영국 국왕이라는 사실이 놀라웠다. 또한 대통령이나 국왕 등 독립적으로 국가 수장을 두고 있지만, 인도, 파키스탄, 싱가포르 등도 영연방이다. 영연방은 국제법적 상의 연방국가라기 보다 국제기구일 뿐이다. 이런 영연방의 형태를 따라 다른 국가들도 비슷한 형태의 조직을 가지고 있다. 프랑스 주도의 프랑코포니 Organisation Internationale de la Francophonie, 스페인이 만든 이베로아메리카 정상회의 Comunidad Iberoamericana de Naciones, 포르투갈의 포르투갈어 사용국 공동체 Comunidade dos Países de Língua Portuguesa가 있다.

이토록 복잡한 영국의 모습은 화폐에서도 나타난다. 미국의 통화인 달러는 United States Dollar로 쓰고 약자로 USD라고 표기한다. 그런데 영국 화폐 파운드는 Pound Sterling이라고 쓰고 약자로 GBP라고 표기한다. 복잡한 표기법은 외환시장에도 나타난다. 일반적으로 환율은 외국 통화 대비 그 나라 통화가 얼마인지로 표시한다. 예를 들어 우리나라의 환율 표시 방법은 1달러당 1,300원이라고 표기한다. 그런데, 영국의 환율은 자국 통화 대비 외국 통화, 즉 1파운드당 1.25 달러와 같이 표기한다.

영국의 에든버러로 가는 여정은 처음부터 쉽지 않았다. 출장길에 오르기 전 런던에서 기차를 타고 에든버러로 가려 했다. 비행기를 타면 1시간 15분 정도 걸리는 거리였다. 하지만, 런던 공항까지 가는 시간과 탑승수속하고 에든버러에 도착해서 다시 짐을 찾고 도심으로 향하는 시간을 생각하면 차라리 4시간 30분이 걸리는 기차를 타고 가는 편이 수월해 보였다. 그런데 아무리 애를 써도 기차표를 구할 수 없었다. 결국 런던에서 에든버러까지 비행기로 이동하기로 했다. 그런데 이번엔 숙소가 문제였다. 금융회사들이 위치한 도심뿐만 아니라 주변에도 숙소를 구할 수가 없었다. 가까스로 공항 근처에 숙소를 잡았다. 다행히 도심은 공항에서 대중교통으로 30분 정도 거리에 자리 잡고 있었다.

에든버러에 도착해서 왜 기차표가 없고 숙소를 구하기 어려운지 알았다. 시내에 도착하자 발 디딜 틈 없이 거리를 가득 메운 수많은 인파가 눈에 들어왔다. 이곳저곳에서 활기찬 음악이 퍼져 나왔다. 거리에 걸려있는 현수막에서 크게 쓰여 있는 글자가 보였다. Edinburgh Festival Fringe. 매년 8월에 4주 동안 펼쳐지는 에든버러 페스티벌 프린지였다. 전 세계 예술가들이 프로와 아마추어를 막론하고 누구든지 공연을 할 수 있는 축제의 장이다. 길거리에서 다양한 공연이 펼쳐졌고, 모든 극장에서 연극, 콘서트 등 다양한 공연이 펼쳐졌다. 하필이면 출장 기간이 세계 각국에서 사람들이 모여드는 페스티발 기간과 겹친 거였다. 더군다나 축제의 하이라이트인 마지막 주였다. 축제 때문에 숙소를 구하기 힘든 불편함은 있었지만, 좋은 점도 있었다. 일과가 끝난 저녁 축제의 분위기를 조금이나 느낄 수 있었다. 공연장에 갈 여유는 없었지만, 거리에서 펼쳐지는 공연을 보는 것만으로도 멋진 경험이었다.

다만 에든버러성에서 열리는 세계 군악대 퍼레이드인 밀리터리 타투 Military Tatoo를 눈앞에 두고 볼 수 없는 것이 아쉬웠다. 에든버러성은 깎아지른 듯한 절벽 위에 지어진 성으로 에든버러를 대표한다. 행사용이기 하지만 군대가 주둔하는 드문 성이다. 페스티발 기간동안 이곳에서 밤이 되면 세계 각지에서 온 군악대들이 솜씨를 뽐낸다. 우리나라의 군악대도 참가하여 전통 악기를 연주하며 서양의 군악대와는 색다른 모습을 보여주어 호평을 받았다는 뉴스를 본 적이 있다. 언제가 꼭 한번은 와봐야겠다고 생각한 행사가 바로 눈앞에서 펼쳐지고 있었다. 하지만 입장권은 이미 매진이어서 아쉽게도 볼 수 없었다. 모든 일정을 마치고 홀가분한 마음으로 나선 밤거리에서, 성벽 너머로 나지막이 들리는 군악대의 연주 소리를 듣는 것만으로 충분히 행복했다. 우리네 삶에는 꼭 내가 가지고 있지 않아도 주변에 있다는 사실만으로 행복한 것들이 많다. 봄날 벌판에 가득한 꽃향기, 여름날 창가를 두드리는 빗방울 소리, 가을 저녁 귓가를 스치는 시원한 바람, 그리고 아련히 떠오르는 희미해진 유년 시절의 기억. 에든버러의 밤하늘에서 어릴 적 바라보던 밤하늘의 북두칠성이 떠올랐다.

《피리부는 소년》 에두아르 마네, 1866년, 97×160㎝, 오르세 미술관.

오르세 미술관의 피리부는 소년

프랑스하면 가장 먼저 떠오르는 것은 20대에 배낭여행에서 만났던 소녀들과의 추억이다. 영국 옥스퍼드에서 프랑스 앙제에서 온 소녀들과 작별하는 시간이 다가왔다. 잘 가라는 말과 함께 쑥스럽게 악수를 청하자, 소녀들은 프랑스식으로 인사한다며 내 볼에 살짝 입맞춤한다. 프랑스식 인사 비쥬 Bisou를 처음 접해보았다. 어색하게 한 번씩 양 볼을 비비고 얼굴을 떼었다. 그러자 헤어질 때는 두 번씩 하는 거라고 한다. 영화에서 봤을 때는 양 볼에 한 번씩 하던데. 한 30명 정도 되는 여학생들과 일일이 4번씩 볼을 맞추고 나니 군대를 갓 제대한 혈기 왕성한 청년은 정신이 멍해질 지경이었다. 지금도 그 소녀들이 생각나곤 한다. 30대 중후반이 되어 있을 그 소녀들도 어린 시절 만났던 한국인 청년을 기억할까? 혹시나 그때 내 옆에 앉아 있던 쟌느가 딸과 함께 방탄소년단의 콘서트를 보러 서울에 다녀가지는 않았을까?

영국에서 시작한 배낭여행은 벨기에, 독일, 스위스, 체코, 이탈리아 등 여러 나라를 거쳐 귀국 비행기를 타야 하는 프랑스 파리에 도착했다. 3주 후 귀국하는 여유로운 일정이 남아 있었다. 앙제의 소녀들도 만나러 가고 프랑스 이곳저곳을 느긋이 여행하려 했다. 그 후 스페인에서 마지막으로 일주일을 보내고 다시 파리로 와서 귀국할 예정이었다. 여행하는 동안 줄곧 유스호스텔을 이용했다. 그런데 스페인으로 가기 전 부모님께 드릴 선물을 미리 사고 나머지 짐들을 잠시 맡겨 놓을 생각으로 한국 민박집을 찾았다. 그런데 예기치 못한 사건으로 파리에만 열흘 머물다가 계획보다 일찍 귀국길에 올라야 했다.

1997년은 EU가 설립은 되었으나 화폐가 통합되기 전으로 마르크, 리라, 프랑 등 나라마다 고유의 통화를 썼다. 나라를 이동할 때마다 환전하면서 수수료 등으로 돈이 줄어들었다. 프렌치 프랑, 스위스 프랑 등 화폐 단위는 비슷한데 화폐 가치는 제각각이라 헷갈리기 일쑤였다.

부모님께 드릴 옷을 사기 위해 유명한 매장을 찾아갔다. 가장 좋아 보이는 옷을 골라 계산하려 신용카드를 꺼냈다. 그런데 직원이 카드에 이상이 있어 결제가 안 된다는 것이었다. 조금 전까지 다른 가게에서 이상 없이 쓰던 카드였다. 왠지 도난 카드로 여기고 결제를 꺼리는 것 같았다. 다소 불쾌했지만 다행히 지갑에 현금이 있었다. 숙소로 돌아와 나머지 현금을 챙기려는데 돈이 하나도 없었다. 도난당했나 노심초사하는데, 계산 실수로 생각보다 훨씬 비싼 금액의 선물을 사버렸음을 알았다. 옷을 살 때 지불한 현금이 남은 기간 여행을 위한 전 재산이었다. 숙박비를 절약하기 위해 가능한 야간열차로 했다. 아침은 유스호스텔에서 해결했고, 점심은 아침에 나왔던 빵과 잼을 들고 나와 공원 벤치에서 먹었다. 저녁은 근처 시장에서 장을 봐서 유스호스텔에서 조리해서 먹었다. 여행 도중 나와 비슷하게 군 제대 후 배낭여행을 온 동갑내기 친구를 만났다. 그 친구와 농담으로 복학하여 후배들이 밥 사달라고 하면, 가게에서 식빵을 사 와서 잼 발라 줄 거라고 농담할 정도로 아끼면서 다닌 여행이었다. 그런데 순간 환율 계산을 잘못하여 더 이상 여행할 돈이 없어졌다. 결국 한국인 민박집에 사정을 이야기했다. 귀국 후 돈을 송금해 드리겠다고 하고 2주간 머물 수 없겠냐고 부탁했다. 그런데, 주인장은 아쉽게도 내 부탁을 거절했다. 대신 민박집 청소를 하면 잠은 재워주겠다고 했다. 결국 귀국 일정을 조금 당겨 열흘을 파리에서만 머물렀다. 아침부터 파리 센강을 따라 시내를 정처 없이 걸어 다니다 해 질 무렵 민박집으로 돌아와 청소를 했다.

운이 좋게도 파리에 머무는 동안 루브르 박물관과 오르세 미술관이 한 달에 한번 무료입장하는 날이 있었다. 이른 아침 문을 열자마자 입장하여 온종일 루브르에서 여러 작품과 보낸 시간은 참으로 좋았다. 마치 교양인이 된 것 같은 의기양양함과 함께 늦은 오후 밀려든 것은 배고픔이었다. 사람은 자기가 처한 상황에 따라 세상을 바라본다고 했던가? 레오나르도 다빈치의 명작 모나리자를 물끄러미 바라보면서, 작품 속 여인의 알 수 없는 미소도 모델을 하느라 끼니를 거른 배고픔을 달래는 미소로 느껴졌다. 돈이 떨어져 파리 이곳저곳을 돌아다니지 못했지만 대신 미술관에서 많은 시간을 보낸 것은 행운이었다. 루브르 박물관의 작품들을 속속들이 알지는 못해도, 오랜 세월 동안 수많은 이들에게 사랑받는 작품들을 눈앞에서 보는 것이 좋았다. 루브르에서 시간을 보낸 후 근처에 있는 오르세 미술관으로 향했다. 조각과 회화 작품을 둘러보는데 낯익은 작품앞에서 걸음을 멈췄다. 에두아르 마네 Edouard Manet의 피리부는 소년 Le fifre. 오르세 미술관에 있는 수많은 명화중 왜 이 작품앞에서 오랫동안 발길을 뗄수 없었을까? 갓 제대를 한 내게 피리를 부는 소년 병사의 모습이 남달라 보였을까? 빨간 바지에 검은 상의의 군복을 입은 병사를 그린 작품은 줄곧 마음속에 깊이 자리잡고 있었다.

피리부는 소년과의 두번째 만남은 펀드매니저가 되어 떠난 파리 출장의 마지막 날이었다. 오후 일정이 끝나고 저녁 비행까지 시간이 남았다. 파리에 주어진 두어시간의 자유시간. 발걸음은 오르세 미술관으로 향했다. 작품들을 따라 걷다 다시 피리부는 소년과 만났다. 그 모습 그대로 그 자리에 서서 중년이 되어 버린 오래전 친구를 바라보고 있었다. 우리의 세번째 만남은 13살 아들과 함께 떠난 13일간의 배낭여행의 끝자락에서였다. 방학을 맞아 이탈리아, 영국, 프랑스를 여기저기 걸어다니며 마지막 도시 파리에서 시간을 보냈다. 여행을 떠나기 전 미리 예약한 오르세 미술관으로 향했다. 한가로이 두루 여러 작품들을 보며 아들과 이야기를 나누었다. 여행의 피곤함에 지쳐서인지 흥미를 보이지 않던 아들이 피리부는 소년 작품이 나타나자 놀라며 소리친다.

"이 작품이 오르세에 있어요? 이 그림 좋아하는데."

유명한 다른 그림에는 반응을 보이지 않다가 피리부는 소년을 좋아하는 걸 보면, 오래전 내 가슴속에 담긴 감동이 아들에게도 전해진 걸까? 예술작품에는 말로 표현할 수 없는 커다란 울림이 있는 것 같다. 세월이 흘러 아들의 아이와 함께 셋이 피리부는 소년과 다시 만나는 날을 그려본다.

크루와상과 커피 한잔

런던과 에딘버러에서 일정을 마치고 출장의 마지막 도시 파리에 도착했다. 동트기 전 새벽에 일어나 주섬주섬 간단한 운동복을 입고 숙소를 나선다. 신선한 바람이 뺨을 스치고 센강의 물줄기들이 나를 반긴다. 22년 전 보았던 에펠탑을 찾아 달려본다. 예쁜 다리들을 건너 숨이 차서 잠시 쉬어 걸어갈 때쯤 멀리 에펠탑이 보인다. 20대 중반 홀로 배낭을 메고 왔던 때는 사람들이 북적거리는 주말의 한낮이었다. 새벽녘 한가로이 인적이 드문 에펠탑에 도착해서 가쁜 숨을 내쉬며 주변을 보았다. 아침햇살에 빛난 에펠탑을 배경으로 많은 신혼부부들이 웨딩촬영하고 있었다. 숙소로 되돌아오는 빠른 길보다는 일부러 구석구석을 돌아 달리며 파리의 풍경을 눈에 담았다. 루브르박물관 주변을 뛰고 오르세 미술관을 돌아 빵집에 들러 갓 구운 바게트와 크루와상을 봉지에 담아 방으로 들어왔다.

프랑스 하면 빵이 가장 먼저 떠오른다. 불어를 읽을 줄 모르니 다른 나라에 비해 뭔가 거리감 있던 프랑스가 가깝게 다가온 건 빵 덕분이었다. 실은 국가기술검정자격증 제빵기능사을 취득해서 가지고 있다. 펀드매니저가 제빵기술 자격증을 가지고 있다고 하면 다들 의아해한다.

내 나이 마흔이 되던 해 가을, 실직을 했다. 실업급여를 신청하기 위해 고용노동부 고용센터를 찾았다. 신청하고 나오는데 『내일배움카드제 실업자 훈련 과정』이라는 안내문이 눈에 띄었다. 문의해 보니 기술을 배울 수 있는 정부 보조 직업훈련 프로그램이었다. 그전에 특별히 관심이 있던 것도 아니었는데 문득 제빵 기술을 배우고 싶다는 생각이 들었다. 교육비 중 70%는 정부 보조금이 지급되고, 나머지 30%는 자비로 부담해야 하는 과정이었다. 실직을 한 처지라 돈을 내고 배운다는 것을 선뜻 결정할 수 없었다. 큰맘을 먹고 신길역에 있는 한국제과학교를 찾아가 3개월간의 교육과정에 등록했다. 매일 아침 수업을 마치고 집으로 돌아가면, 18개월 된 아들이 현관 앞에서부터 아빠가 갓 구워 온 빵을 기다리고 있었다. 그 순간만큼은 실직의 아픔도 잠시 잊을 수 있었다. 그리고 뭔가를 내 손으로 직접 만들어 낸다는 사실이 뿌듯했다. 실습 기간에 국가기술자격 시험에 응시하여 제빵기능사와 제과기능사 자격증을 취득했다. 빵을 만들다 보니 자연스레 프랑스에 관심을 가지게 되었다. 발음하기도 힘든 제빵사를 말하는 브랑제리 boulangerie와 제과사를 말하는 파티쉐 pâtissier라는 단어도 익숙해졌다. 그전에는 파티쉐는 파티를 기획하는 사람인 줄 알았다.

빵은 사람을 행복하게 해주는 묘한 매력이 있다. 밀가루, 버터, 설탕 등 다양한 재료들을 한데 어울려 반죽하고, 재료의 배합과 굽는 온도에 따라 다양한 형태의 빵이 태어난다. 오븐에서 갓 구워낸 빵 냄새처럼 행복감을 주는 향기가 있을까? 3개월간의 학원 수업을 마치고 세계적으로 유명한 프랑스의 제과 학교인 르 꼬르동 블루 Le Cordon Bleu 에 진학할지 생각했다. 다행히 서울에도 지사가 있어 문의했는데 3개월 초급 제과 과정의 수강료가 700만 원이라는 말에 조용히 수화기를 내려놓았다.

생각보다 긴 실직의 시간이 지나서 다행히 직장을 구했다. 회사에 입사하여 직원들과 뜻을 모아 제빵동호회를 만들었다. 한달마다 제빵 기술을 배웠던 한국제과학교에 가서 직원들과 함께 빵을 굽는다. 그리고 만든 빵을 집으로 돌아가 가족들과 나누는 과정을 통해 행복을 가꾸어 간다. 사무실에서 과중한 업무에 힘겨워하던 얼굴도 빵을 만드는 순간만큼은 다들 세상에서 가장 행복한 표정으로 바뀐다. 이런 것이 빵만이 줄 수 있는 행복감 아닐까? 빵의 기원이 정확히 어느 나라인지 모르지만, 맛있는 빵을 많이 개발하고 보급한 프랑스 사람들이 고맙다. 회사의 제빵 동호회 이름도 괜스레 프랑스어로 멋들어지게 짓고 싶었다. 함께 빵을 구우며 행복을 나누자는 취지로 고민하다 이름을 지었다.

Joie du Partage. 우리말로 나눔의 기쁨이라 뜻으로 로고도 만들고 태극기와 각자 이름도 새겨 넣어 멋진 가운을 만들었다. 멋지게 가운들을 차려입고 첫 모임을 하던 날, 가운을 보던 한 직원이 고개를 갸우뚱하며 말했다.

"철자가 좀 이상한데. Portage는 운반, 배달이라는 뜻인데. 배달의 기쁨?"

불어를 모르는 내가 철자 a를 실수로 o로 적어서 가운 제작사에 보낸 것이었다. 이렇게 빵을 구워 나누는 기쁨과 가정으로 배달하는 기쁨을 동시에 누리고 있다.

프랑스 하면 빵 다음으로 떠오르는 것이 수학이다. 세계 투자업계에 유독 기술적 분석을 전문으로 하는 프랑스 회사가 많다. 우리나라에서는 기술적 분석 전문가를 차트장이라고 평가절하하는 경향이 있다. 하지만 기술적 분석은 금융시장의 흐름을 파악하고 투자심리를 분석하는 매우 종합적인 기법이다. 그런데도 우리나라에서 기술적 분석 전문 애널리스트는 점점 줄어 이제는 많이 찾아보기 힘들고 단지 명맥을 유지하는 정도로 느껴진다. 그런데 해외 증권사 중에는 기술적 분석만을 전문적으로 하는 회사가 꽤 많이 있다. 대표적인 회사가 프랑스의 Day By Day, BBSP 등이다. 이들은 전 세계의 지수뿐만 아니라 개별 종목들에 대한 기술적 분석을 심도있게 한다. 이런 회사들이 유독 프랑스에 많은 이유가 무엇일까 궁금했다. 파리 출장길에 기술적 분석으로 유명한 증권사 Day By Day를 찾아갔다. 발레리 부사장 Valérie Gastaldy를 만나 그 이유를 물으니 자부심 가득한 목소리로 답한다.

"프랑스에 저명한 수학자가 많습니다. 『인간은 생각하는 갈대』라는 말을 남긴 파스칼, 『나는 생각한다. 고로 존재한다』라는 말을 남긴 데카르트, 대수학의 아버지 비에트와 현대 대수학을 창안한 갈루아스 등……."

그러고 보니 파스칼, 데카르트 등 수학자들은 또한 유명한 철학자였다. 이런 프랑스인들의 수학적 기법과 투자 철학이 응축되어 기적 분석의 전문가가 성장하고 있는 게 아닐까?

이들의 철학적인 사고는 프랑스 대학 시험 바칼로레아 baccalauréat에서도 나타난다. 모든 과목이 논술형으로 치러지는 시험 문제는 출제된 다음 날 주요 일간지에서 실린다. 프랑스 국민들은 관심을 가지고 삼삼오오 모여 각자의 답을 생각본다.

『타인을 존경한다는 것은 모든 열정을 배케한다는 것을 뜻하는가?
역사는 인간에게 오는 것인가 아니면 인간에 의해 오는 것인가?
예술 없이 아름다움에 대해 말할 수 있는가?』

내겐 어떤 문제는 이해도 되지 않는다. 내 스스로 깊은 반성을 해본다. 세계 어느 민족보다 철학적 심오함을 지니셨던 선조들에게 고개를 들 수 없었다. 우리에겐 신라 원성왕 4년(788년)에 실시한 독서삼품과를 시초로 그 맥락을 이어간 조선시대 과거시험이 있었다. 나이 마흔을 넘긴 해 한국사능력검정시험 공부를 하여 1급 자격을 취득했다. 실은 고교시절에 입시과목으로 접했던 역사 수업에 그다지 흥미를 느끼지 못했다. 그런데 마흔이 넘어 우리나라의 역사를 공부하니 너무나 흥미진진했다. 구한말의 국제정세와 지금의 국제 정세가 너무도 흡사함에 놀라기도 하고, 과거 식민사관에 가려졌던 찬란한 문화에 자긍심이 느껴졌다. 특히 조선 시대 과거시험 문제가 그토록 철학적이고 인본주의에 기반을 둔 줄 미처 몰랐다.

『노비도 또한 하늘이 내린 백성인데 이처럼 대대로 천한 일을 해서 되겠는가?
변방의 성곽을 쌓고 수리하면서 백성의 삶이 피폐해지지 않게 하는 방법은?
기존 관료 중 해고해야 할 관료의 선청 기준은 무엇인가?
독도문제에 대한 처리 방법은? (성종 3년, 1472년 임진년)』

프랑스의 바칼로레아와 조선의 과거시험이 비슷하듯 프랑스와 한국은 생각보다 가까운 나라이다. 프랑스는 가톨릭을 통해 유럽 국가 중 조선과 가장 먼저 교류를 했다. 1831년 로마 교황청이 조선교구를 창설했고, 1836년에 앵베르신부를 포함한 3명의 선교사가 조선에 들어왔다. 이들은 한국 최초의 신부이신 김대건 신부님을 탄생시키며 선교활동을 하던 중 순교하시게 된다. 천주교 박해라는 미명아래 자행된 권문세가의 권력 다툼으로 프랑스 신부님들이 희생되고, 그 결과 1866년 병인양요가 일어났다. 20년 뒤인 1886년 조·불 수호 통상조약을 맺으며 국교를 수립하게 되었다. 1910년 이후 우리의 아픈 역사인 일제 강점기에 프랑스는 조선인의 망명 정치 활동을 묵인해 주었다. 조선은 독립을 요구하는 외교 채널로 프랑스를 이용하였다.

여러모로 가까운 프랑스를 더욱 친근하게 하는 것은 프랑스의 빵 아닐까? 흑석동 프랑세즈 Française, 장티크 l'antique 등 정겨운 동네 빵집들과 마들렌 Madeleine, 다쿠아즈 Dacquoise, 에끌레어 Éclair 등 이름만 들

이야기 셋. Western Europe

어도 기분 좋아지는 프랑스 제과들.

다음 여름휴가는 옛 추억이 서린 프랑스 소녀들의 고향 앙제 Angers 에서 갓 구워진 크루와상에 커피를 곁들이며 아침을 맞이하고 싶다.

프랑크푸르트의 깨달음

　독일의 수도는 베를린이지만, 경제 중심지는 프랑크푸르트이다. 유럽중앙은행 European Central Bank, 독일연방은행 Deutsche Bundesbank, 증권거래소 Börse Frankfurt 등이 있는 프랑크푸르트는 독일의 금융허브이다. 우리나라에서 떠나는 항공편도 베를린이 아닌 프랑크푸르트로 간다. 이곳의 정식 명칭은 프랑크푸르트 암마인 Frankfurt am Main, 마인강에 있는 프랑크푸르트라는 뜻이다. 벨기에, 프랑스와 가까운 독일 중서부에 자리 잡고 있다.

그런데, 도시 이름 뒤에 구태여 강 이름을 넣은 것이 특이하다. 실은 같은 이름을 가진 도시가 폴란드와 국경을 맞댄 동쪽 끝에도 있다. 두 나라의 국경을 가르며 흐르는 오데르강에 위치한 프랑크푸르트 안 데어 오데르 Frankfurt an der Oder이다. 두 도시 모두 강가에 있다는 것이 흥미롭다. 독일 도시의 이름을 보면 그 유래를 짐작할 수 있다.

푸르트 furt는 얕은 개울을 뜻한다. 프랑크푸르트는 프랑켄족이 사는 작은 개울가라는 유래를 두고 있다. 영어의 퍼드 ford와 같은 어원이다. 옥스퍼드 Oxford, 스탠퍼드 Stanford같은 도시들도 개울가에 위치한 것에서 도시명이 유래했다.

독일 도시 이름 중 흔한 이름이 부르크 burg이다. 독일어로 성을 뜻한다. 적들의 침략을 막고자 성을 세운 것에서 도시 이름이 탄생하였다. 함부르크 Hamburg, 뒤스부르크 Duisburg, 아우크스부르크 Augsburg, 프라이부르크 Freiburg 등 독일 100대 도시 중 무려 12개 도시의 이름이 부르크로 끝난다.

도르프 dorf는 마을을 의미한다. 대표적인 예가 뒤셀 강가에 있는 마을이라는 뜻을 가진 뒤셀도르프 Düsseldorf이다. 슈타트 stadt는 마을보다는 큰 도시를 의미한다. 자동차 제조회사 아우디의 본사가 있는 잉골슈타트 Ingolstadt가 있다.

베르크 berg는 독일어로 산이라는 뜻이다. 이 단어가 들어간 도시는 산로 둘러싸인 고산지대인 경우가 많다. 대표적인 예로 하이델베르크 Heidelberg와 뉘른베르크 Nürnberg가 있다. 하이델베르크는 산속의 딸기, 신성한 산이라는 이름에서 유래되었다. 뉘른베르크는 로마 황제 네로가 이곳의 언덕에 올라 도시를 건설하라고 지시한 데서 유래한다.

15년 만에 출장으로 다시 찾은 프랑크푸르트 거리는 변함이 없었다. 유럽중앙은행을 방문 후 미팅이 예정된 코메르쯔은행 Commerzbank으로 가기 위해 일행들과 트램을 기다리고 있었다. 그런데 매사에 정확하기로 유명한 독일에서 트램이 도착 예정 시간이 30분이나 지나도록 오지 않았다. 정거장에는 사람들이 손목시계를 번갈아 보며 초조하게 트램을 기다리고 있었다. 약속 시간은 점점 다가오고 있었다. 뭔가 이상해하며 주변을 두리번거리다 독일어 공고문 한 장을 발견했다. 떠듬떠듬 고등학교 수업 시간에 배운 독일어와 교환학생 시절 기억을 떠올려 읽어 내려갔다.

그런데 아뿔싸! 오늘부터 일주일간 공사로 트램 운행이 중지된다는 내용이었다. 도대체 공고문을 보고도 트램을 기다리던 많은 사람들은 누구란 말인가! 저들을 보면서 우리도 막연히 트램을 기다렸건만. 유심히 그들을 살펴보니 독일어가 아닌 말로 대화하고 있었다. 결국 모두 독일어를 모르는 관광객이었다. 결국 땀을 뻘뻘 흘려가며 약속 장소까지 걸어갔다.

투자에서도 이런 상황을 주의해야 한다. 합리적일 것 같은 투자의 세계에서도 의외로 남이 하는 대로 따라 하는 경우가 많다. 누군가 특정 기업의 주식을 매수하거나 매도하는 것을 발견하면 심리적으로 흔들리게 된다.

'나도 사야 하는 거 아니야?'
'이러다 기회를 놓치면 어쩌지?'

기업의 실적이나 경제 상황은 변한 것이 없는데도 남들을 따라 매매에 동참한다. 이렇게 객관적 근거가 부족한 상황에서 행동해 버리는 심리의 기저에는 막연히 남들은 더 많은 정보를 알고 있을 것이라는 생각이 깔려있다. 마치 정거장에 있던 관광객을 현지인이라고 착각해 마냥 기다리던 모습처럼. 금융시장에 갑자기 큰 매수 세력이 나타났다면 누군가 어떤 정보를 미리 알았다고 생각한다. 또 그들이 전문가라고 쉽게 단정 지어버린다. 하지만 정확한 실체를 파악하기 전까지는 아무것도 단정 지어서는 안 된다. 판단의 근거는 정거장에 붙어있던 공고문처럼 사실에 근거한 자료이어야 한다. 그것이 발로 뛰어 얻어낸 정보에 입각한 판단이든, 애널리스트의 분석보고서를 통한 판단이든 냉철하게 본인의 투자 판단에 따라야 한다.

남들의 시각이나 정보가 잘못될 수 있는 재미있는 사례를 살펴보자. 우리는 통상 인터넷에서 주요 포털이나 언론사의 정보가 정확할 것이라고 쉽게 믿어버린다. 과연 그럴까?

해외투자에 있어 쓰이는 벤치마크 지수 중 보편적으로 쓰이는 것이 MSCI Index이다. 미국의 모건스탠리 캐피털에서 제공하는 지수로 나라별 지수, 선진국 지수, 이머징 지수 등 다양한 지수를 제공한다. 어느 날 시중은행의 리스크팀장을 하는 선배에게서 전화가 왔다.

"우리 은행에서 해외주식 투자 성과 평가를 할 때 벤치마크를 MSCI All Country World 지수를 쓰고 있는데 이게 선진국 지수잖아! 그러면 이머징 시장까지 다 포함한 전 세계 지수는 뭘 써야 하니?"

뭔가 착각하고 있는 듯했다. "지금 쓰고 계신 MSCI All Country World 지수가 전 세계 지수예요. All Country를 줄여서 AC라고도 쓰는데 말 그대로 모든 나라를 말하는 거예요. 선진국만 따로 있는 지수는 AC 단어를 빼고 MSCI World 지수라고 해요."

"너 잘못 알고 있는 거야"

나름 10년 넘게 해외투자를 하는 내 설명을 믿으려 들지 않았다. "MSCI에서 지수를 선진국, 이머징, 프런티어 이렇게 크게 세 개로 구분해요. 각각 해당 지수가 World, Emerging, Frontier 입니다. 전 세계를 나타내는 지수는 AC World로 World와 Emerging 두 개를 합친 겁니다. Frontier는 시장성이 적어서 전 세계 지수 산정할 때 포함하지 않습니다."

나의 장황한 설명에도 선배의 대답은 아주 짧았다.

"아니야! 포털사이트에서 봐봐! MSCI 선진국 지수 밑에 영어로 MSCI All Country World Index 라고 쓰여 있어."

검색을 해보았다. 참고문헌이 유명 경제신문의 경제용어사전이라고 되어있다. 한글로 된 설명은 맞았다. MSCI 선진국 지수에 관해 설명이 정확히 되어 있다. 다만 해당 지수의 영문명이 잘못 기재되어 있다. MSCI All Country World Index가 아니라 MSCI World Index로 수정되어야 했다. 이러한 실수는 포털사이트의 잘못도 경제용어 사전의 잘못도 아니다. 인터넷 포털과 언론사도 지식과 사실을 전달하는 과정에서 사소한 실수가 있을수 있다. 중요한 것은 이를 통해 우리가 맞다고 생각하는 정보들이 잘못된 것일 수 있다는 인식을 갖는 것이 투자에 있어 매우 중요하다는 것이다.

대학 학창 시절 계량경제학 수업 중 교수님께 질문드린 적이 있었다. 책에 있는 내용과 교수님의 설명이 달랐다. 설명이 틀렸다고 지적하는 어린 제자들의 당돌함에 왕규호 교수님께서 말씀하셨다.

"여러분! 책이란 게 틀린 경우도 많아! 왜 자네들은 눈앞에서 설명하는 내 말은 믿지 못하고, 본적도 없는 누군가 써 놓은 책 내용만 믿는가?"

뒤셀도르프의 오후 풍경

직장이라는 것이 처음 인식된 곳은 독일이었다. 학창시절 독일로 교환학생 과정을 가게 되었다. 뒤스부르크 대학에서 학기를 마치고, 뒤셀도르프에 있는 독일산업은행 IKB Deutsche Industriebank에서 인턴십으로 근무하게 되었다. 배정된 팀은 프로젝트 금융을 하는 부서였다. 뭔가 새로운 것을 배우는 재미로 하루하루가 즐거웠다.

기억에 생생한 것은 금요일 오후 회사 로비 풍경이다. 독일에서 금요일 오후 서너 시 로비에는 아이들이 아빠나 엄마를 기다리고 있었다. 다소 이른 오후 가족과 함께 퇴근하는 그들의 모습에서 따뜻함을 느꼈다. 한국에서 일하며 오후 서너 시에 퇴근하는 것은 상상조차 할 수 없었다. 문득 이런 생각을 해보았다. 한국에서 6시에 퇴근한다 해도 보통 6시 반에 사무실서 나오고, 평균 통근 시간 1시간으로 집에 가면 7시 30분. 씻고 저녁 먹으려면 8시. 우리나라 성인병의 주범은 근무시간 아닐까?

옛날과 비교하면 사회가 많이 발전하지 않았나? 과거 주판으로 계산하던 걸 전자계산기가 대체했고, 컴퓨터의 발달로 과거 수기 작업 하던 것들도 전산화가 되었다. 통신 기술의 발달로 편지로 며칠 이상 걸리던 의사소통도 이메일로 실시간으로 가능하다. 그런데 왜 사무실이라는 공간에 아침 9시부터 6시까지 있어야 하는 걸까? 이마저도 근무 환경이 좋은 회사나 그렇지 대부분의 대한민국 직장인은 조기 출근과 야근에 시달린다. 도대체 어디서부터 잘못된 것일까? 오래전 독일 은행에서 본 금요일 오후의 로비 풍경이 그립다. 언젠간 우리나라에도 그런 모습이 펼쳐지지 않을까?

독일 은행에서 인상 깊었던 것은 직원들의 배려였다. 업무를 모르던 나는 종종 옆방에 있는 직원들에게 모르는 내용을 물으러 갔었다. 그때마다 직원들은 본인 업무가 바쁜 와중에도 하던 일을 멈추고 하나씩 설명을 해주었다. 꽤 진지하게 오랫동안 초보자의 눈높이에 맞게 설명을 해주었다. 본인이 하던 일을 접고 설명을 해주기에 종종 미안하기까지 했었다. 이런 경험을 독일 교민 분께 말하자 고개를 끄덕이며 말씀하셨다.

"독일 사람들의 특징이 누군가 도움을 청하면 정말 확실히 도와줘요. 그래서 독일에 이민 와서 성공 못 하면 게으른 사람이라고 해요."

그래서인가 내가 아는 대부분의 독일 교민 분들은 이민 생활에 성공적으로 안착하신 분들이 많았다. 여러 가지 대화를 나누던 중 독일 사회에 관해 묻자 이런 말씀을 이어 가셨다.

"다른 나라와는 다르게 독일에서는 대형 할인 매장이 잘 안돼요. 독일 사람들이 굉장히 합리적이거든. 일단 할인 매장은 집에서 멀리 떨어져 있어서 차를 가지고 가야 하니 기름값을 고려해 봐요. 그리고 대형 매장에서 여러 묶음을 사야 하는 것도 낭비라고 여기는 거죠. 그럼, 동네 작은 가게로 걸어가서 조금 사는 게 이익인 거를 다 계산해요"

독일이란 나라가 마냥 좋아지기 시작할 무렵 살짝 쓴웃음을 지으면서 한마디 건네셨다.

"그런데, 이 친구들이 묘한 집단의식이 있어서 정말 순하디순한 친구도 세 명만 모이면 약간 배타적으로 변해"

다행히도 내가 머무는 동안 심하게 배타적인 것은 느끼지 못했다. 독일 직장에서 친절함과 배려를 경험한 내게 우리나라 직장에서 겪은 모습은 전혀 달랐다. 누군가에 물어보려 하면 다들 본인 일이 바빠서 귀찮아하기 일색이었다. 무엇인가를 모른다고 하면 핀잔을 주는 일이 많았다. 핀잔을 주는 당사자도 나중에 보면 그 일에 대해 잘 모르는 경우도 많았다. 모르는 것을 모른다고 말하지 못하고 아는 척해야 하는 문화.

공기관의 주식운용팀장으로 근무하던 어느 날, 팀에 있는 대리가 신입 사원이 뭔가를 물어보자 심하게 핀잔을 주었다. 그 친구를 불러서 선배이면 상세히 가르쳐주지 않고 왜 면박을 주냐고 하자 다소 씁쓸한 답변을 들었다.

"팀장님! 어린 직원은 갈궈야 합니다. 제가 증권사에서 애널리스트 보조할 때 뭐 물어보면, 상사는 네이버에 물어보라고 했습니다."

잘못된 도제 시스템이 나은 병폐인 것 같다. 정작 도제 시스템의 원조인 독일에서는 그렇지 않은데 왜 그럴까? 아마 지나온 세월 우리는 너무 각박했던 탓이 아닐까?

상대방에 대한 배려와 더불어 독일 사람들 하면 정확함이 떠오른다. 인턴십을 하던 독일 은행에서 옆방에 있던 동갑내기 다니엘라 Daniela Welsch와 친해졌다. 사회주의 교육을 받고 자란 다니엘라는 동독 지역에서 직장을 다니면서 야간대학에서 경영학을 배우며 시장경제에 관해 공부했다고 했다. 그리고 몇 년 전 이곳으로 직장을 옮겼다고 했다. 퇴근 무렵이면 다니엘라는 내게 주말에 있는 좋은 전시회나 시내에 가 볼만한 곳을 추천해 주곤 했다. 그러던 어느 날 다니엘라가 물었다.

"애드리안! 다음 주 주말에 뭐 할 거야?"
"혼자 기숙사에 있을 것 같아!"
"그러면 다음 주 토요일에 내 남자 친구랑 여럿이 오버하우젠 Oberhausen에 있는 디스코텍 갈 건데 같이 갈래?"
"좋지!"

매번 나를 챙겨주는 다니엘라가 고마웠다.

"애드리안! 그럼, 토요일 3시 10분에 우리가 네 숙소를 지나칠 거야. 그때 숙소 앞에서 봐."

이번 주도 아닌 다음 주 토요일 약속을 매우 구체적으로 시간도 정해서 말했다. 당시에는 핸드폰이 있기는 했지만, 지금처럼 로밍서비스가 없어서 독일에서는 핸드폰없이 지냈다. 막상 약속했던 토요일이 되었는데 다니엘라와의 약속을 까맣게 잊고 있었다. 기숙사 침대에 누워 쉬고 있는데 문득 학창 시절 '독일 문화의 이해'라는 수업 시간에 들은 교수님 말씀이 생각났다.

"독일 사람들은 약속에 철저해서 1년 전에 이메일로 미팅 약속 잡은 걸 기억하고, 그날 그 시간에 되면 미팅 준비를 다 해놓고 있습니다. 약속하고 나서 나중에 다시 두세 차례 확인을 안 해도 되니 무척 합리적인 문화죠."

하긴 다니엘라도 열흘 전 같이 놀러 가자고 하고 나서 내게 재차 말을 하지 않았다. 그러기에 정말 올까 하는 의심마저 들었다. 방에 걸린 시계를 보니 정각 3시를 가리키고 있었다. 혹시나 하는 마음에 대충 옷을 걸쳐 입고 기숙사 정문으로 나갔다. 적막하리만큼 인기척도 없는 조용한 시골길 그 자체였다. 그런데 10분 뒤 저 멀리서 작은 차 한 대가 기숙사 방향으로 오고 있었다. 세상에! 정말 다니엘라와 친구들이었다. 오버하우젠의 디스코텍은 신기했다. 오래전 석탄 공장이었던 건물을 디스코텍으로 개조한 곳이었다. 한쪽은 테크노가, 다른 곳은 힙합이, 또 다른 곳은 재즈 음악이 흐르고 있었다. 폐허가 된 공장을 디스코텍으로 재탄생시킨 발상이 참으로 신기했다.

이후 독일에서 돌아오고 나서 나는 1년 뒤 은행원이 되어 다시 독일에 갈 일이 있었다. 당시 프랑크푸르트에 2일간 머물 일정이 있었다. 떠나기 전 다니엘라에게 이메일을 보냈더니 나를 보러 온다는 것이었다. 차로 3시간 정도 걸리는 거리였는데, 다니엘라는 고맙게도 먼 한국에서 온 나를 보러 프랑크푸르트까지 와주었다. 그날 마인강변에서 여럿이 한데 어울려 맥주를 마시고 헤어진 후 다니엘라를 보지 못했다.

　오랜 시간이 흘러 펀드매니저가 되어 다시 찾게 된 프랑크푸르트에서 오랜 친구를 보고 싶었지만, 주고받았던 이메일도 사라져 버리고 없었다. 지금도 짧은 금발머리 그녀의 모습이 눈에 선하다.

알프스의 상쾌한 공기

    누군가 내게 "일주일 휴가가 주어진다면 가고 싶은 곳이 어디인가?"라고 묻는다면 서슴없이 스위스 라우터브루넨이라고 답할 것이다. 라우터브루넨 Lauterbrunnen은 스위스 인터라켄에서 융프라우 정상으로 가는 길 중턱에 있는 작은 마을이다. 머나먼 나라의 산골 마을에 세 번씩이나 갔다. 처음 발길이 머문 것은 제대후 떠난 배낭 여행에서였다. 난생처음 해외여행을 준비하며 가장 가보고 싶은 곳이 스위스였다. 바다보다 산을 좋아했던 취향 탓도 있었지만, 무엇보다 스위스에서 스키를 타보는 것이 소원이었다.

    입대전 두 달의 시간을 베어스타운 스키장에서 패트롤로 지냈다. 패트롤 Patrol은 스키장에서 슬로프를 다니면서 부상자를 치료하고 후송하는 일을 한다. 새벽부터 밤늦게까지 추운 스키장에서 일하느라

이야기 셋, Western Europe   215

무릎 연골이 상할 정도로 힘겨웠다. 하지만 다친 사람들을 구조한다는 사명감에 즐겁게 보냈다. 무엇보다 입영통지서를 막연히 기다려야 하는 초조함을 산속에 머물며 잠시나마 잊어버릴 수 있어 좋았다. 당시 고등학생이던 동생은 스키 선수였다. 그해 겨울 시즌 동생의 첫 경기는 내가 있던 스키장에서 펼쳐졌다. 첫 시합은 활강경기였다. 활강은 산 정상에서 직선으로 주욱 내려오는 주법이다. 동계 올림픽에서 선수들은 시속 100km 이상의 속도로 경기한다. 결승선에서 동생의 시합을 초조히 지켜보고 있었다. 산 정상 출발선부터 주요 지점마다 동료 패트롤이 배치되어 있었다. 동생이 출발하고 무전기로 동료 패트롤들이 동생의 주행을 알려왔다.

"속도 아주 좋아!"
"중간 지점 통과"
"이거 속도가 장난 아닌데."

마지막 점프대를 향해 빠른 속도로 활강해 오다 힘차게 점프하는 모습이 보였다. 그런데 방향이 이상했다. 착지와 동시에 눈발이 거칠게 날렸다. 동생은 옆 펜스에 부딪히며 쓰러졌다. 사람은 너무 충격적인 상황이 닥치면 현실을 부정하는 것 같다. 내 눈앞 펼쳐진 모습을 부정하며 내 동생이 아니라고 생각했다. 하지만 난 이미 산을 거슬러 부상 현장으로 정신없이 뛰어가고 있었다. 다행히 동생은 의식은 있었으나 몸을 가누지 못했다. 동생을 후송용 썰매에 태워 의무실까지 내려오는 내내 손이 떨렸다. 내 손으로 다친 동생을 후송하리라곤 생각조차 못 했다. 동생은 앰뷸란스에 실려 서울의 대형 병원으로 긴급 후송되었다.

그날 저녁 스키장 사무실에 일을 그만두겠다고 통지했다. 저녁 식사를 거른 채 전날 가족들과 동생 시합을 응원하며 지냈던 텅 빈 숙소에 혼자 남아 있었다. 밤늦게 부모님께 전화가 왔다. 동생의 상태는 십자인대가 끊어지고 종아리뼈가 골절되었다고 했다. 밤 9시가 넘어 초인종이 울렸다. 스키장에서 아르바이트하던 동갑내기 여학생이었다. 오늘 벌어진 일을 들었다며 날 위로해 주러 온 것이었다. 근처 포장마차로 가서 소주잔을 기울였다. 대학 진학을 앞두고 있고 올림픽에 나가는 꿈을 키우고 있던 동생에게 닥친 일을 받아들일 수 없었다. 너무 속상했다. 충격적이고 믿기지 않은 상황에 말벗이 되어준 그 친구가 고마웠다. 이런저런 이야기를 나누었는데, 눈을 떠보니 다음 날 아침 숙소 침대였다. 정신을 차리고 옆방에 있던 동생의 스키 코치에게 물어보니, 어젯밤 인사불성이 된 채 어떤 여학생의 등에 업혀 들어왔다고 했다. 아침을 먹고 짐을 챙겨 그곳을 떠나 두 달 만에 집에 도착하자 입영통지서가 우편함에서 나를 기다리고 있었다. 그 여학생 얼굴도 이름도 세월의 흐름 속에 잊혔다. 한국체대에 다니는 동갑내기였던 흐릿한 기억만이 남아 있다. 그 친구에게 고맙다는 말 한마디 못 하고 헤어졌다. 스키장에서 시간을 보내다 입대를 했던 나는 스위스 산속에서 스키를 타며 제대를 자축하는 꿈을 간직하고 있었다.

〽️

　배낭여행을 떠나 영국, 벨기에, 독일, 체코, 오스트리아를 거쳐 스위스에 도착했다. 취리히에서 숙박비와 식비를 아껴서 동생에게 줄 스와치 시계를 샀다. 이후 베른, 제네바 등을 여행하고 꿈에 그리던 융프라우에 가서 스키를 타기 위해 인터라켄에 도착했다. 이곳에서 기차를 타고 산 중턱에 있는 라우터브루넨으로 올라와서 짐을 풀었다.

　통나무집 한 채를 빌렸다. 오솔길을 따라 걸으며 온몸을 감싸는 상쾌한 산 공기에 기분마저 가벼워졌다. 길을 걷다 땀이 나면 잠시 벤치에 앉아 책을 읽었다. 산길을 거닐다 음매하며 말을 걸어오는 눈이 맑은 소들과 대화를 나누고, 꽃밭에 누워 한없이 푸르른 하늘을 떠도는 구름을 바라보았다. 라우터브루넨에서 사흘을 보낸 후 융프라우로 가는 길 스키를 타러 안내소에 갔다. 안내소 직원은 환하게 웃으며 나보고 너무 일찍 왔다고 했다. 겨울에 와야 한다고 했다. 동생은 여름방학이면 프랑스와 이탈리아 국경 근처에 있는 틴느Tignes라는 곳으로 전지훈련을 갔었기에 스위스에서도 계절과 상관없이 스키를 탈 수 있는 줄 알았다. 스키를 타보려는 마음으로 며칠간 끼니를 걸러가며 돈을 모았는데 허탈했다. 결국 발길을 돌려 남쪽 이탈리아로 내려갔다. 로마에 입성하여 거리마다 가득한 문화유산에 흠뻑 빠지면서도 악명 높은 소매치기를 조심하느라 늘 긴장된 시간을 보냈다. 나폴리, 볼로

냐, 베네치아를 여행하는 동안 지쳐 버린 몸과 마음은 스위스 산속 마을을 그리워하고 있었다. 결국 일주일 만에 또다시 라우터브루넨으로 향했다.

다시 스위스를 간 것은 6년 후 직장인이 돼서였다. 은행 입행 후 1년이 지나자, 입행 동기들과 유럽 여행을 하는 혜택이 주어졌다. 2주간의 짧은 일정이라 가고 싶은 곳이 많았지만, 스위스 라우터브루넨을 다시 찾았다. 동기들과 여럿이 함께 시간을 보내는 동안 6년 전 배낭여행 때 만난 일행들이 떠올랐다. 그들은 회사에서 단체 여행을 온 동료들이었다. 혼자가 여행하는 학생이 신기했는지 그들은 내 숙소로 놀러 와서 여행담을 늘어놨다. 그들의 여행하는 모습은 학생인 나보다 여유로워 보였다. 각 나라 여행지에서 맛본 음식 이야기를 할 때면 난 조용히 듣기만 했다. 학생 신분에 홀로 여행했기에 근사한 식당을 가는 것은 엄두도 낼 수 없었다. 시장에서 사 온 재료로 저녁을 준비하는 나를 두고 그들은 어느 좋은 식당에 가서 저녁을 먹는다며 길을 나섰다. 멀어지는 그들의 뒷모습을 부럽게 바라보며 나도 직장인이 되면 멋진 식당에서 맛난 음식을 먹겠노라 다짐했었다.

이틀을 라우터브루넨에서 보낸 후 취리히로 향했다. 취리히에 도착하자마자 가장 유명한 퐁뒤 Fondue 식당을 알아봤다. 유럽 여행이 처음인 동기들과 함께 가장 유명하다는 식당을 찾았다. 메뉴는 두 종류였다. 치즈에 빵 등을 찍어 먹는 치즈 퐁뒤 Fondue Neuchateloise 와 고기를 끓는 기름에 익혀 먹는 오일 퐁뒤 Fondue Bourfifnonne가 있었다. 식당에 들어서자마자 온 테이블에서 끓여대는 강렬한 치즈 냄새에 우리 일행은 숨조차 쉴 수 없었다. 그런데 그 냄새가 향기로운지 스위스 사람들은 빵을 꼬챙이로 찍고 치즈를 묻힌 후, 눈을 감고 입에 넣기 전 코로 향기를 음미한 뒤 먹는 것이 아닌가! 우린 아무도 치즈 퐁뒤를 주문할 용기를 내지 못했다. 과감히 시도하기엔 너무나 소중한 한 끼 식사였다. 결국 우리는 모두 오일 퐁뒤를 주문해서 정말 맛있게 먹었다.

냄새조차 견디기 힘들었던 치즈 퐁뒤를 15년이 훨씬 지난 지금은 맛있게 먹는 걸 보면 사람의 입맛은 세월에 따라 변하나 보다. 그러고 보면 20대에 도대체 왜 사람들이 먹는지 이해할 수 없었던 밋밋한 맛의 평양냉면을 지금은 맛있게 먹는 모습을 보면 입맛은 변하는 것인가 보다. 어찌 보면 입맛처럼 우리네 사람의 감정이나 기억도 변하는 게 아닐까? 가능하다면 좋은 기억만, 사랑하는 감정만, 맛있는 음식을 맛보던 행복한 순간만 간직하며 살고 싶다.

해외투자를 하면서 스위스 주식에 투자할 때면 알프스의 맑은 공기, 바닥까지 보이던 옥빛의 인터라켄 호수가 떠올라 기분이 좋았다. 그런데 스위스 프랑을 나타내는 기호 CHF가 도무지 이해가 되지 않았다. 우리나라 통화 원은 KRW, 일본 통화 엔은 JPY, 미국 통화 달러는 USD로 약자가 한눈에 이해가 되었다. 유럽통화가 통합 전에 스위스 프랑을 건네며 프랑스 프랑으로 환전하려고 환전소에서 "프랑스 프랑 플리즈? France franc, please"라 하자 환전소 직원이 돈을 건네며 오만한 표정으로 "프렌치 프랑 French franc"이라고 내뱉으며 환전된 돈을 건넸다. 영어로 France는 명사로 나라 이름이고, French가 형용사이니 French Franc이 맞는 표현이다. 스위스는 영어로 Switzerland이고 형용사가 Swiss이다. 그런데 왜 스위스 프랑은 SSF라고 쓰지 않고 CHF로 쓸까?

　　CHF는 Confoederatio Helvetica Franc의 약자이다. Confoederatio Helvetica는 라틴어로 스위스 연방이라는 뜻이다. 스위스에는 독일어, 불어, 이탈리아어, 스위스 방언 총 4개 언어가 쓰인다. 스위스를 뜻하는 단어도 각각 슈바이츠 Schweiz, 스위스 Suisse, 스비체라 Svizzera, 스비즈라 Svizra 로 각각 다르다. 그러다 보니 국제적으로 통용되는 통화 이름을 정할 때 옛 로마제국의 말인 라틴어로 정하게 되었다.

✰✰✰✰
이야기 넷,
Eastern Europe

쇼팽의 피아노 선율

　5월의 햇살이 따사로운 아침 등굣길에 라일락 향기가 하루를 더욱 상쾌하게 열어주었다. 대학 신입생티가 채 가시지 않은 봄, 정문을 들어서는데 양팔에 목발을 짚고 걸어가는 금발의 한 여학생이 보였다. 다리가 매우 불편해 보였다. 양손에 짐을 한 움큼 진채 절뚝거리며 힘겨운 걸음을 내딛고 있었다. 도와주고 싶었으나 외국인이라 말을 걸 엄두가 나지 않았다. 결국 그냥 지나쳤다. 그런데 내내 뒤통수가 뜨거웠다. 도와주겠다는 말을 영어로 어떻게 하지? 대학 입학식도 하기 전 외국어 회화 학원에서 열심히 수업을 들었건만, 막상 말하려니 머릿속이 텅 빈 거 같았다. 몇 번을 망설이다 결국 걸음을 되돌렸다. 그 여학생에게 성큼 다가가서 그냥 우리말로 말을 건넸다.

"들고 계신 짐 주세요!"
"아! 고맙습니다."

푸른 눈의 여학생에게서 또렷한 발음의 한국말이 나왔다.

"어! 한국말을 잘하시네요. 전 경제학과 신입생 염재현이라고 합니다."
"네! 전 국문과 아그네시카입니다. 3학년이에요"

환한 미소와 함께 그녀가 말했다. 금발의 예쁜 여학생과 교정을 걸으며 대화를 나누었다. 사춘기 때 꿈꾸어 보던 대학 생활의 모습이 그대로 실현이 되고 있었다.

"아그네시카 선배님은 어느 나라에서 오셨어요?"
"전 폴란드에서 왔어요!"

그녀는 다리에 장애가 있어 보였고 걸음이 매우 느렸다. 보통 5분 정도 걸리는 정문에서 강의실까지 15분 넘게 걸렸다. 그만큼 많은 대화가 오갔다. 이런저런 이야기를 나누던 중 아그네시카 선배가 내게 급작스레 질문을 던졌다.

"국제결혼에 대해 어떻게 생각하세요?"

순간 당혹스러웠다. 만난지 얼마되지도 않았는데 이런 질문을 받다니. 내심 기분이 좋았다. 하지만 선뜻 대답하지 못했다. 내 첫사랑이 소련 체조선수 라쉐노바 아니었던가! 중학교 시절 어머니께 국제결혼을 해도 좋다는 승낙도 받아 놓았다. 그런데 선뜻 대답을 못했다. 그녀에게 장애가 없었더라도 머뭇거렸을까? 아니었다. 이런 내가 싫었다. 그래서 더욱 강한 어조로 대답했다.

"좋죠! 아주 좋다고 봐요"

내 대답에 그녀는 잠시 고개를 갸우뚱거리고는 웃으며 말했다.

"수업 마치고 커피 한잔할래요?"

이렇게 해서 그녀와 친해졌다. 카페에서 이야기를 나누다 등굣길 첫 만남에서 그녀가 물어본 것이 국제 결혼이 아니고, 국제 경제상황에 대해 어떻게 생각하냐는 질문이었음을 알고 혼자 멋쩍어했다. 알고 보니 그녀는 항상 얼굴에 웃음이 가득한 모습으로 교내에서 유명한 선배였다.

"난 태어나면서부터 전혀 걷지를 못했어요. 그런데 어느 날 한국에서 바르샤바 대학으로 교환 교수로 오신 김 교수님 알게 됐고, 그분이 제게 한국 유학 권하셨어요. 한국에 오면 치료도 받을 수 있다고 하셨어요. 그때부터 새로운 희망이 솟아났어요. 폴란드에서는 전혀 걷지도 못했는데 지금은 목발을 짚고 걷게 되었어요. 언젠가는 목발 없이도 걸을 수 있을 거예요."

그녀의 얼굴에서는 단 한 순간도 미소가 떠나지 않았다. 혼자 걷고 있을 때도 그녀는 항상 웃으며 걷고 있었다. 그런데 그녀와 친해지면서 느낀 것이 하나 있었다. 그녀와 함께 걸을 때 느껴지는 사람들의 시선! 거동이 불편한 그녀를 바라보는 사람들의 시선은 따뜻하지 않았다. 아니 따뜻할 필요까지 없더라고 시선이 차갑고 따가웠다. 만일 내가 그런 시선을 20년 넘게 받으며 살아왔다면 아마 미쳐버렸을 것이다. 그런데 그녀는 행복해하며 언제나 웃음이 가득했다. 대학 신입생의 아름다운 시간에 나는 알 수 없는 이유로 다소 어두웠다. 뭔가 불만족스러웠고, 얼굴에는 미소가 넘쳐나지 않았다. 건강한 몸, 대학생이 된 자유로움, 난 많은 것을 가졌지만 감사하지 못했다. 그녀를 보면서 내 자신이 부끄러워졌다. 이런 감정이 확대되어 일반 사람들에 대한 적개심마저 생기기까지 했다.

어느 날 교정에서 철학개론 수업을 맡으신 최유신 교수님과 마주쳤다.

"과 대표! 자네 요즘 무슨 일 있나? 얼굴빛이 계속 어둡네!"
"교수님...! 실은 조금 혼란스러운 일이 있습니다."

"그럼 수업 시작까지 시간이 있으니 잠시 이야기 나눌까?"

교수님과 청룡 연못 벤치에 앉아 최근 아그네시카 선배와의 만남을 통해 겪은 일들을 말씀드렸다. 장애인을 대하는 사람들의 따가운 시선을. 내 말을 가만히 들으시던 교수님께서 나지막이 말씀하셨다.

"염군! 지금 자네가 이제껏 지내왔던 삶의 경계가 깨진 것이라네. 고등학생으로 지냈던 울타리가 넓어진 거지. 세상엔 수많은 다양한 사람들이 있다네. 지금 이 교정을 보게나! 장애인을 위한 시설이 갖추어져 있는지! 모두 계단뿐 아닌가! 우리가 시선을 돌리고 넓혀야 할 곳이 참 많다네. 자넨 지금 대학에 와 있지만, 여러 가지 이유로 공부하고 싶어도 못하는 많은 젊은이가 생산 현장에 많이 있다네. 내가 운영 중인 야학에도 그들을 위한 많은 교사를 필요로 하지."

교수님의 말씀에 당장 야학에 가서 그들을 돕고 싶었다. 야학에 참여하고 싶다는 내 말에 최 교수님이 말씀하셨다.

"자네 말은 참 고맙네. 단 성급하게 결정하지 말게나. 이제 신입생 아닌가! 대학 생활을 더 하고 나중에 마음이 바뀌지 않거든 그때 함께 하게나!"

2년의 세월이 흘러 아그네시카 선배는 졸업반이었고, 한국기업에 취직하고 싶어 했다. 우리나라의 무역회사에 취직하고자 준비했고, 입사원서를 내가 직접 회사에 가서 받아오기도 했다. 이력서를 교정해 주면서 가을을 보내고 그해 겨울 난 입대했다. 2년여의 시간이 흘러 군복무를 마치고 돌아온 교정에는 최유신 교수님도 아그네시카도 있지 않았다.

아그네시카 선배를 처음 만난 지 24년이 지나 또다시 라일락이 가득한 5월, 난 폴란드의 바르샤바 쇼팽 국제 공항에 도착하였다. 동유럽 투자를 위한 출장길에 그녀를 거리에서 우연히 마주치지 않을까 상상했다.

폴란드는 동쪽으로 리투아니아, 벨라루스, 우크라이나와 접해 있고, 남으로는 체코와 슬로바키아와 국경을 맞대고, 서쪽으로는 독일과 마주하고 있다. 4세기경부터 동유럽 지역엔 슬라브족이 거주하고 있었다. 그중 몇몇이 세력을 키워 왕국을 건설했다. 9세기경에는 스웨덴의 바이킹족이 세운 키이우 공국이 가장 강성했다. 키이우 공국은 지금의 러시아, 우크라이나, 벨라루스 등을 포괄하였다. 10세기에 들어, 또 하나의 왕국이 키이우 공국과 주도권을 놓고 다툼을 벌이게 된다. 966년 공작 미에슈코 1세는 세례를 받고 폴란드를 기독교 국가로 변화시키고 영토를 확장했다. 1,000년 그의 아들 볼레수아프는 당시 폴란드 왕국인 폴로니아의 초대 왕이 됐다. 그는 강한 군대를 기반으로 많은 지역을 점령하였다. 하지만, 이웃 나라 독일과 키이우 공국의 영주들에겐 폴로니아는 불편한 존재였다. 결국 폴로니아는 거듭된 전쟁의 결과 점령지 대부분을 다시 빼앗기고 만다. 이때의 국경이 오늘날의 국경과 대부분 일치한다. 폴란드의 역사는 동서 양쪽의 러시아와 독일이라는 강대국으로 인해 오랫동안 영향을 받게 되었다.

폴란드는 참 많은 이미지가 떠오른다. 무엇보다 쇼팽의 아름다운 피아노 선율, 과학 시간에 배우던 퀴리 부인, 그리고 바르샤바의 게토 추모비 앞에 무릎을 꿇고 참회의 기도를 하던 빌리 브란트 서독 총리의 사진.

폴란드 출장길 내내 수도 바르샤바의 영어식 발음이 헷갈렸다. 바르샤바의 폴란드어 철자는 Warszawa인데 영어로는 Warsaw이다. 이웃나라 러시아 수도 모스크바 Moscow는 '모스코우'라고는 발음하는 건 많이 들어봤는데 바르샤바는 어찌 발음하는지 순간 몰랐다. 출장 내내 바르샤바라고 말하다가 나중에 발음을 '워르서'라고 해야 함을 알았다. 바르샤바에 얽힌 재미난 전설이 있다. 어느 날 비슬라강에서 인어가 나타나서 어부에게 당시 황량하던 이 지역에 도시가 출현할 것이라고 예언했다. 인어의 예언대로 1959년 바르샤바는 수도로 결정된다. 바르샤바의 문장(紋章)에는 인어가 검과 방패를 들고 있다.

폴란드에 있으며 느낀 인상은 평화롭다는 점과 성당이 참 많다는 점이었다. 인구의 87.5%가 가톨릭 신자인 나라답게 한 걸음을 내디딜 때마다 성당이 있었다. 제각각 아름다운 성당에 둘러싸인 바르샤바는 평온해 보였다. 폴란드는 9세기경 당시 동유럽 지역에서 받아들이던 정교회가 아닌 로마 가톨릭을 받아들였다. 1795년에 들어서 폴란드는 독일, 오스트리아, 러시아에 쪼개지는 아픔을 겪게 된다. 100년이 넘는 환난과 시련을 겪은 저항 과정에서 인구의 20%가 죽음을 맞이하게 되었다. 이후 1918년 비로소 독립하였다. 무구한 고통의 시간을 견디게 해준 것은 신앙의 힘이었다. 평화의 시간도 잠시뿐이었다. 1939년 9월 1일 독일의 폴란드 침공으로 시작된 2차 세계대전으로 바르샤바는 완전히 파괴되었다. 무려 600만 명의 사람들이 죽임을 당하는 끔찍함을 겪었다. 하지만, 폴란드인은 강한 자긍심으로 폐허가 된 도시를 완벽하게 복원하였다. 제2의 파리라 불리던 바르샤바의 구시가지는 세계문화유산으로 등재되어 있다.

도대체 무엇이 평화로운 이곳을 전쟁의 소용돌이로 몰아 놓았을까? 우리나라 삼천리강산을 걸으면서, 베트남 종단 여행을 하면서, 바르샤바 거리를 걸으면서도 이 땅들에서 전쟁이 일어났음이 실감 나지 않았다. 2차 세계대전이 끝난 후 폴란드에는 사회주의 정권이 들어섰다. 그런데, 사람들이 사회주의 이념과 정부보다 성당과 신부님을 더욱 반기고 의지하는 모습을 본 정부 관료들은 종교 방송을 금지하고, 모든 설교를 검열하는 종교탄압을 시작하였다. 당시 정부하에서 신부님들은 체포되고 사형까지 당하기도 했다. 도대체 무엇이 사람이 사람을 죽이게 만드는 참혹함을 가지고 왔을까? 무구한 세월을 이겨나

갈 수 있었던 원동력인 신앙마저 억압되는 고통마저 그들은 이겨냈다. 그리고 바르샤바 거리에 발걸음을 내딛을 때마다 성당이 반기는 아름다운 삶의 터전으로 재건했다. 평온한 바르샤바 구시가지 성당에서 사람들이 서로 이해하고 사랑하는 평화가 정착되기를 기도했다.

첫사랑의 고향 라트비아

　2018년 평창 동계올림픽의 열기를 몸소 느끼고 싶어 폐막식 직전 주말 평창으로 향했다. 선수들의 열정과 관중들의 뜨거운 함성, 그리고 전 세계 스포츠 축제의 장에서만 느낄 수 있는 설렘. 어느새 가슴 속에 15살 사춘기 소년의 감성이 되살아났다.

　1988년 서울 올림픽! 30년 전 글로벌 정세는 지금과 사뭇 달랐다. 동서 냉전의 시대. 자유 진영 미국을 중심으로 한 서방세계와 소련을 중심으로 하는 공산진영 간의 동서 대립이 심했다. 이 또한 올림픽에 반영되어 1980년 모스크바 올림픽에는 미국, 한국, 서독, 영국 등이 불참했다. 이에 대한 보복으로 1984년 로스앤젤레스 올림픽에 소련,

북한, 동독, 폴란드 등 동구권 국가가 불참하였다. 이러한 극한 대립에 화합의 장을 마련한 것이 세계사에 길이 남을 1988년 서울 올림픽이었다.

　1988년 당시 소련은 우리나라와 미수교국이었다. 우리나라는 대부분의 공산국가와 수교를 맺지 않았다. 이런 어색함을 깨기 위해서인지 소련은 올림픽이 개막하기 몇 달 전 서울에서 열린 친선 체조경기에 참가했다. 당시 체조는 선풍적인 인기를 몰고 왔다. 주말 멍하니 텔레비전을 보던 내게 한 선수가 눈에 들어왔다. 아니 가슴에 들어왔다. 『라쉐노바 나탈리아 Laschenova Natalia』 그날 이후 동갑내기 러시아 소녀의 얼굴이 하루 종일 맴돌았다. 기다리던 올림픽 개최. 체조 결승전이 열리는 날 친구들과 함께 체조경기장을 찾아갔다. 드디어 내 첫사랑을 만난다는 설렘에 들뜬 내게 친구 규진이가 말했다.

　"야! 염통! 너 입장권은 있냐?"

　내 성(姓)은 염이라는 희귀성이기에 언제나 별명은 염소, 염통, 염오빠 이런 식이었다.

　"입장권? 매표소 가서 사면 되지."
　"체조 인기가 많아서 이미 다 매진됐을걸!"

친구의 말이 맞았다. 표는 이미 매진이었다. 난감함에 한참을 고민했다. 내 사랑을 눈앞에 두고 이대로 돌아갈 수는 없었다.

"규진아! 콜라 사러 가자!"
"왠 콜라?"

콜라 두 병을 사 들고 경기장 입구에 들어섰다. "입장권 보여주세요?"라는 자원봉사자 누나의 말에 들고 있던 콜라 두 병을 드리며 정중히 말했다.

"누나! 저는 단대부중 3학년에 재학 중인 염재현이라고 합니다. 지금 저 안에 제 첫사랑이 경기하고 있어요. 오늘 경기가 끝나면 소련으로 돌아갈 텐데. 저 가서 꼭 만나야 해요!"

주변에 있던 자원봉사 누나들과 경찰 아저씨들이 박장대소를 터트렸다. 검표하던 봉사자들은 난색을 표명하며 표가 있어야 입장이 가능하다고 했다. 그런데 사나이의 진정한 사랑의 열정이 통한 것일까! 안 된다고 말하는 누나들 뒤에서 경찰 형들이 도와주기 시작했다.

"이봐! 너희들! 이쪽으로 와 봐!"

경찰 형들은 진행요원이 지나다니는 문으로 살며시 들어오라고 했다. 그리고는 씨익 웃더니 경기장으로 들어가라고 했다. 드디어 꿈에 그리던 첫사랑을 보러 들어왔다. 그런데 아뿔싸! 남자체조 결승전이었다. 날짜를 착각했던 것이었다. 덕분에 체조경기는 잘 보았으나 라쉐노바를 만나지는 못했다. 혹시나 자국 선수들을 응원하러 왔을지도 모른다는 기대감에 경기를 마치고 선수들이 나오는 것을 후문에서 지켜보고 있었다. 선수와 관중이 한데 어울려 기념사진을 찍는 분위기였다.

여러 금메달리스트가 군중에 휩싸여 사진을 찍는 동안, 저만치에 아무에게도 관심을 받지 못하는 중국 선수가 멀뚱멀뚱 부러운 듯 그들을 바라보고 있었다. 왠지 불쌍해 보여 사진을 찍자고 청하고 사인을 받았다. 나중에 알고 보니 그 선수는 LA 올림픽에서 금메달 3개를 비롯해 총 7개의 매달을 거머쥔 중국 남자체조의 간판스타 리닝 Li Ning 이었다. 그는 부상으로 인해 서울올림픽에서 아쉽게도 메달을 따지 못했다. 마지막 국가대표 시합을 마치고 그곳에 서서 지금껏 그가 걸어온 길을 회상하고 있었는지 모르겠다. 올림픽이 끝나자 그는 선수생활을 마감하고 1990년 스포츠 의류와 운동화 제조 회사를 세워 사업가로 성공한다. 그 회사가 홍콩거래소에 상장된 시가총액 8조 원이 넘는 Li Ning Company이다. 그는 2008년 베이징 올림픽 최종 성화 주자로 메인스타디움에 불을 붙였다. 지금도 사진 앨범 한구석에 빛바랜 서울올림픽 입장권 뒤에 받은 리닝의 사인이 있다.

이렇게 올림픽 기간에 내 첫사랑을 만나지 못하자 서울올림픽 조직위원회에 내 소개와 사연을 말하고, 라쉐노바의 주소를 알려달라 편지를 보냈다. 감사하게도 박영철 국장이란 분께서 답장을 보내주셨다. 당시 소련은 미수교국이라 선수들이 개인 주소를 작성하지 않았다며 대신 소련 올림픽 조직위원회 연락처를 주셨다. 몇 차례 소련 올림픽 조직위원회에 편지를 보냈으나 답신은 없었다. 대학에 들어가면 반드시 러시아로 날아가겠다는 다짐과 함께 사춘기 내 가슴을 지폈던 라쉐노바를 한동안 기억 저편에 살며시 묻어두었다.

　재수 끝에 대학에 합격한 해, 입학도 하기 전인 1월에 종로에 있는 외국어 학원으로 갔다. 첫사랑을 만나러 러시아로 가겠다는 설렘으로 러시아어 기초반 수업을 수강했다. 열심히 수업을 들었지만 진도를 따라가기 힘들었다. '안녕하세요'를 러시아어로 '즈드라스부이쩨'라고 말한다. Здравствуйте 이렇게 쓴다. 인사말치고 너무 길다. 글자도 뭔가 낯설다. 숫자 3처럼 생긴 글자가 있고, N을 거꾸로 쓴 글자도 있다. P는 영어 R발음이 나고, C는 영어 S발음이 난다. 복잡한 문법과 낯선 철자와 씨름하다 두 달간의 노력으로 만족하며 학원 문을 나왔다. 몇 해가 지나 대학에서 교양수업으로 러시아어를 들었다. 어렵고 낯선 과목이었는지 수업을 듣는 학생은 적었다. 나름대로 열심히 수업을 듣고 러시아어를 배웠다. B 학점을 받았다. 러시아어 배움의 길은 여기까지였다. 이렇게 내 첫사랑의 기억은 스무 살 젊은 날들의 흐름속에 서서히 잊혀 갔다.

펀드매니저가 되어 러시아 펀드를 운용하며 오랜 시간 잊고 지낸 사춘기 시절의 첫사랑 라쉐노바가 생각났다. 무심코 인터넷 검색을 하다 그녀가 라트비아 사람이란 것을 알게 됐다. 발트해에 위치한 리투아니아, 라트비아, 에스토니아를 발트 3국 Baltic Countries이라 부른다. 제2차 세계대전 이후 소련은 발트 3국을 합병하였다. 1991년 12월 26일 소련이 붕괴하기 직전인 9월 6일 발트 3국은 독립했다. 독립의 배경에 대해서는 자세히 알지 못했다. 소련이 붕괴하니 자연스레 독립을 했으리라 생각했다. 러시아 펀드를 운용할 때부터 발트 3국은 항상 관심의 대상이었다. 소련의 공화국 중 가장 먼저 독립한 만큼 시장경제를 빨리 받아들여 경제성장이 기대되는 지역이었다. 에스토니아는 외국인도 쉽게 인터넷으로 전자시민권을 받을 수 있는 혁신적인 제도로 세계의 주목을 받고 있었다. 하지만 아직 경제 규모가 작아 펀드매니저로서 출장을 갈 기회는 없었다. 고민 끝에 휴가를 내고 직접 발트 3국을 보기로 마음먹었다. 2주일간 리투아니아, 라트비아, 에스토니아를 홀로 이곳저곳을 돌아다녔다. 라트비아의 수도 리가 Riga에 도착해서는 첫사랑 라쉐노바의 고향에 온 감흥에 젖었다. 나이가 든 그녀를 우연히 만나지 않을까 혼자 상상하며 리가의 공원을 산책했다.

길을 걷다 어느 한적한 박물관에 들어갔다. 아담한 3층 건물에 『발트의 길 the Baltic Way』의 역사를 보존하고 있었다. 발트 3국은 1989년 5월 발트 총회를 열고, 소련 정부를 향해 독립을 요구했다. 그리고 6월 15일 리투아니아 수도 빌뉴스 Vilnius에서 발트의 길을 기획하고 서명하였다. 이는 8월 23일에 사람들이 손에 손을 잡고 인간 띠를 만들어 평화 시위를 하자는 시도였다. 행사까지의 시간이 두 달밖에 남지 않았다. 참여할 인원수도 알 수 없었다. 소련 중앙정부는 행사를 금지한다고 선언하였다. 시위가 발생하면 대규모 군병력을 투입할 기세였다.

1989년 8월 23일 기적처럼 발트의 길이 열렸다. 리투아니아 빌뉴스의 게디미나스 성 탑 Gediminas Castle Tower에서부터 라트비아의 울창한 산림을 지나, 에스토니아 탈린의 톰페아 언덕 Toompea Hill까지, 사람들은 목청껏 자유와 독립을 외쳤다. 자동차는 경적을 울렸고, 성당에서는 종소리가 전역으로 울려 퍼졌다. 이날 무려 200만 명이 손을 마주 잡고 670km의 인간 띠를 만들었다. 한반도의 두만강에서 낙동강까지에 해당하는 거리를 사람들이 빽빽이 서서 손을 마주 잡은 것이다. 이로부터 2년 뒤 발트 3국은 독립을 이뤄낸다. 그리고 넉 달 뒤 소련은 역사의 뒤안길로 사라진다. 이곳에 오기 전까지 막연히 알던 그들의 독립에 이토록 강인함이 숨겨져 있는지 몰랐다. 박물관에서 기록물들을 보니 가슴이 뭉클해지고 눈가에 눈물이 고였다.

1988년 서울 올림픽에 소련 국가대표로 참가했던 라쉐노바의 마음은 어땠을까? 손기정 옹께서 1936년 일장기를 달고 베를린 올림픽 마라톤에서 금메달을 따셨을 때 심정과 같지 않았을까? 어딘가에서 나라를 되찾은 기쁜 마음으로 어린 학생들을 지도하고 있을 그녀를 떠올리며 라트비아를 떠나왔다.

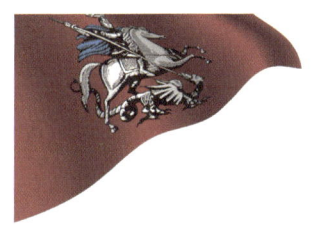

남새전이 뭔가요?

글로벌 펀드매니저가 되어 러시아로 떠나는 출장길에 올랐다. 아에오프로트 항공기 내에서 난 꿈 많던 사춘기 시절을 회상했다. 아련한 추억에 얼굴 가득 미소가 번졌다.

러시아의 전신인 소비에트 연방은 1922년 12월 30일에 탄생하여 1991년 12월 26일에 해체되었다. 소련이 붕괴하기 직전인 12월 8일 러시아와 벨라루스, 우크라이나의 지도자가 모여 벨라베자 조약을 체결했다. 이때 독립국가연합 Commonwealth of Independent States 을 만들기로 합의한다. 12월 21일 옛 소련을 구성한 15개 공화국 중 11개 나라의 지도자가 카자흐스탄에서 만나 알마아타 조약에 서명하였다. 발트 3국과 조지아는 독립국가연합에 참여하기를 거부했다.

독립국가연합 11개 회원국은 러시아, 우크라이나, 카자흐스탄, 우즈베키스탄, 벨라루스, 키르기스스탄, 타지키스탄, 아제르바이잔, 아르메니아, 몰도바, 투르크메니스탄이다. 1993년 12월 조지아도 러시아의 압력 아래 가입하게 된다. 하지만 2003년에 일어난 장미 혁명으로 친서방 정부가 들어서면서 조지아는 러시아와 갈등을 빚게 된다. 그 결과 2008년에 남오세티야 전쟁이 일어나고 조지아는 독립국가연합 탈퇴를 선언하였다. 우크라이나는 원래 독립국가연합에서 비공식 참관국 지위를 갖고 있었다. 하지만 2014년에 일어난 크림 위기, 러시아의 크림반도 합병, 돈바스 전쟁을 계기로 러시아와의 갈등을 빚게 되었고 2018년 5월 19일 독립국가연합에서 탈퇴하였다.

러시아는 내가 오랫동안 고수하던 원칙 하나를 깨트린 곳이다. 우리들은 각자가 강하든 약하든 나름의 생활 속 원칙을 가지고 있다. 채식주의자가 있고, 매일 아침 정해진 시간에 일어나는 습관을 지닌 사람도 있다. 해외 출장길에 내가 가지고 있는 원칙이 몇 개 있다. 첫째, 아침에 조깅한다. 이는 가급적 지키려고 노력한다. 둘째, 구차하게 출장 짐에 컵라면, 햇반과 같은 비상식량을 넣지 않는다. 이는 멕시코 출장 이후 생각이 조금 바뀌었지만 원칙은 지키고 있다. 셋째, 출장기간 한식을 먹지 않는다. 이 원칙이 러시아 출장길에서 깨졌다.

해외 출장길에서 한식을 먹지 않는 이유는 간단하다. 음식 가격이 너무 비싸서이다. 국내에서 먹는 것보다 두 배가량 비쌌다. 그리고 한국에서 먹는 것보다 맛이 없었다. 해외 출장은 길어야 열흘 정도이다. 이 정도 기간이면 우리나라 음식을 안 먹어도 지낼 만하다. 출장 동안에 누릴 수 있는 기쁨 중 하나는 현지 음식을 먹는 일이다. 우리나라에서 먹기 힘든 음식도 있고, 한국에서는 터무니없이 비싼 음식을 현지에서 제대로 맛볼 수 있다. 빌딩 숲속을 헤치고 다니는 낭만 없는 출장길에 누릴 수 있는 소소한 즐거움이 식사 시간 아닐까?

러시아는 열흘간 동유럽 출장의 마지막 국가였다. 터키, 폴란드를 거쳐 모스크바에 도착했다. 터키 이스탄불에서는 삼시 세끼를 케밥만 먹었다. 정확히 이틀 내내 케밥만 먹었다. 케밥의 종류가 그토록 다양한지 미처 몰랐다. 폴란드에서도 전통음식을 먹었다. 우리나라 만두와 감자전 같은 음식들이었는데 맛있었다. 모스크바에 도착해서도 현지 음식을 맛볼 수 있는 식당을 찾아갔다. 구 소련 시절 배급해서 먹었다는 단체 급식소도 찾아가 음식을 맛보았다. 출장 마지막 날 함께 열흘을 버틴 김재구 대리가 조심스레 말을 건넨다.

"속이 너무 느끼해요, 저희 한국 식당가면 안 될까요?"

내 대답은 단호했다.

"조금만 참자! 내일이면 한국에 가서 실컷 먹을 텐데."

하지만 나도 속이 불편하긴 마찬가지였다. 한국 음식이 그리웠다. 하지만 다른 이들에게 외국 출장길에 한국 음식을 먹는 것을 이해할 수 없다며 허세를 부려왔기에 우리나라 식당에 가자는 말이 쉽게 나오지 못했다. 내 자존심을 지키며 본능에 따를 수 있는 묘안이 떠올랐다.

"그러면, 한국식당은 안되고…… 북한식당에 가자"

과거 공산국가였던 나라에는 북한 식당이 있었다. 베트남과 캄보디아에서 북한 식당을 가본 적이 있었다. 분명히 러시아에도 있을 거란 생각에 수소문을 해보았다. 시내에서 30분 정도 거리에 있는 북한 식당을 찾아갔다. 『고려식당』. 분단의 긴 세월 탓인지 북한 식당 입구에 들어서는 것마저 편하지 않다. 익숙하면서도 뭔가 낯선 어색한 분위기. 조심스레 자리에 앉아 메뉴판을 펼친다. 타국에서 보는 한글이 주는 편안함과 동시에 낯섦이 공존한다. 익숙함에서 느끼는 이질감은 무엇일까? 음식들은 평상시 즐겨 먹던 음식과 같았다. 소고기볶음, 해산물 전골, 군만두, 김치찌개. 모든 음식을 다 먹고 싶었다. 냉면을 랭면으로 포기한 것 정도는 이미 알고 있었다. 보아하니 빈대떡을 지짐으로 표기하는 듯 보였다. 김치지짐, 록두지짐, 찰갈냉이지짐. 어색해도 알아볼 수 있었다. 그런데, 해산물전 옆에 남새전이라는 알 수 없는 메뉴가 있었다. 빈대떡은 지짐이라고 표현하는데 전은 남과 북의 표현이 같은 듯했다. 남새전이 무엇일까? 사진만 봐서는 알 수가 없었다. 해산물전 옆에 있으니 새 이름인가? 마침 그 옆에 있는 메뉴는 메추리 튀기였다. 궁금한 마음에 직원에게 물었다.

"남새전이 뭔가요?"

직원은 고개를 갸우뚱거리며 이북 말투로 웃으며 대답했다.

"남새전은 남새로 만든 전입니다."

못 알아듣는 현실을 구태여 분단의 기나긴 세월 탓이라 무겁게 여기고 싶지 않았다. 전라도와 경상도 사투리도 못 알아듣는 말이 많지 않은가! 궁금해서 음식을 시켰다. 막상 먹어보니 야채전이었다. 북한에서는 야채를 남새라고 부르는 것 같았다.

잔뜩 기대하던 음식이 나왔다. 랭면! 우리나라 3대 냉면 하면 진주냉면, 평양냉면, 함흥냉면 아닌가! 통영이나 거제도를 갈 일이 있으면 꼭 진주에 들러 냉면을 맛보고 온다. 평양냉면과 함흥냉면은 북한이라 갈 수 없으니, 여름철이 되면 서울에 있는 맛집을 찾아가서 자주 먹는다. 북한 식당에서 전통 평양냉면을 먹는다니 음식이 나오기 전부터 기대가 되었다. 푸짐하게 차려 나온 냉면 한 사발이 먹음직스럽다. 젓가락으로 면을 집어 한입 베어 물자 동시에 같은 말이 나왔다.

"어! 미지근해"

그 느낌을 표현하기 어렵다. 차지 않은 정도가 아니라 말 그대로 미지근했다. 냉면은 차가운 면 아닌가? 이 랭면은 뜨겁지 않은 면이라는 표현이 더 맞을 듯싶었다. 남새전과 미지근한 냉면의 기억을 머금은 채 동토의 땅 모스크바를 떠나왔다. 우크라이나와 러시아 간의 전쟁이 끝나고 모스크바를 다시 갈 수 있는 날이 오면 고려식당에 가서 남새전과 냉면 한 그릇을 먹고 싶다.

전쟁과 평화

러시아에 대해 이야기하다 보면 가장 먼저 듣는 것이 독재라는 단어이다. 소비에트 정권을 수립한 레닌은 1917년부터 1922년까지 5년 정도 짧게 국가 수장에 머문다. 급작스러운 뇌출혈로 쓰러진 레닌의 뒤를 이어 서기장에 오른 스탈린이 1922년부터 1953년까지 무려 31년 동안 독재를 한다.

두 사람에 대한 러시아 사람들의 평가는 상반되게 갈린다. 레닌은 아직도 추앙을 받으며 어머니 곁에 묻어달라 했던 본인의 유언과 달리 붉은 광장에 방부 처리되어 준엄히 누워 참배객을 맞이한다. 반면, 스탈린은 사후 레닌 옆에 안장되었으나 집권기간 그가 저지른 숙청이 국민 대학살로 평가되어 무덤에서 쫓겨나 크렘린 벽 구석 묘지로 옮겨져 있다.

이러한 역사적 배경을 지닌 러시아에 최근 국제사회는 푸틴의 장기 집권을 우려스러운 눈으로 보고 있다. 푸틴은 2000년 대통령이 되었다. 임기 4년, 중임 가능 대통령제인 러시아에서 2번 대통령을 했다. 3회 연임이 금지된 헌법에 따라 2008년에 대통령 자리에서 내려와 총리가 된다. 이때 대통령이 된 이가 세계 1위의 천연가스 생산기업 가스프롬 Gazprom의 회장 메드베데프였다. 개헌을 통해 임기 6년, 중임 가능 대통령제를 만든 후 푸틴은 2012년 다시 대통령이 되었다. 기가 막힌 건 총리가 이번에는 전직 대통령 메드베데프였다. 그런데 2018년 3월 대선을 통해 다시 2024까지 대통령직을 수행하게 된 푸틴은 2020년에는 대통령 연임 제한을 철폐하는 개헌안을 통과시켰다. 푸틴은 최대 2036년까지 집권이 가능하다. 1952년생인 푸틴의 나이를 고려하면 종신집권의 길을 연 셈이다.

20년이 넘는 시간을 집권하게 되면 문제가 있지 않을까? 러시아 출장길에 오르던 2019년 걱정이 되었다. 이러한 우려는 결국 현실로 다가왔다. 푸틴은 2022년 우크라이나를 침공했다. 2014년부터 시작되었던 분쟁을 전면전으로 격화시킨 것이다. 한때는 한나라였던 터라 어린 시절 친구들이 서로 각자의 나라에 살고 있을 텐데. 독재는 결국 이웃 나라 침공이라는 끔찍한 결과를 초래하고 만 것이다. 전쟁으로 수많은 고귀한 생명이 희생되고 있다. 언제 이 전쟁의 총성이 멈출까? 동족상잔의 비극을 겪고 나라가 분단된 우리에게 건너 나라에서 벌어지고 있는 참상이 더욱 무겁게 다가온다.

　　　　　　　　　　◎⁓⁓◎

　러시아에서 가장 인상적인 것은 종교였다. 러시아 사람들의 약 75%가 러시아 정교 Russian Orthodox Church를 믿는다. 우리나라의 종교 인구가 기독교 20%, 불교 17%, 천주교 11%임을 감안하면 러시아 정교의 차지하는 의미는 실로 크다고 볼 수 있다. 도대체 러시아 정교는 무엇일까?

　예수님의 부활 이후 열두제자와 사도 바울에 의해 기독교가 전파된 지 오랜 시간이 흐른 뒤, 교회는 1054년 동방교회와 서방교회로 분리된다. 예수 그리스도 안에 우리는 모두 하나인데, 안타깝게도 예수님께서 이 땅에 오신 지 천년이 지나 우리네 인간은 교회 분열을 겪게 된다. 분열의 발단은 단순했다. 서로 본인들이 정통이라고 주장하는 마음속의 교만이었다. 동방교회는 서유럽의 교회로부터 받아들였던 십자가, 예수의 성화, 성물 등을 우상숭배로 여겼다. 이에 대한 심각한 교리 논쟁을 벌이다가 동방교회와 서방교회로 분리되고 만다. 서방교회는 '모두를 포함하는 보편적인 것'이라는 고대 그리스어 카톨리코스에서 온 말인 『가톨릭 Catholic』이라 불리게 된다. 동방교회는 자신들이 초대교회의 맥락을 이음을 강조하며 '올바른, 정통의'라는 뜻인 그리스어 『오소독스 Orthodox』를 사용하게 된다. 이후 1453년에 이슬람교를 믿는 오스만제국에 의해 동방정교의 중심지였던 콘스탄티노플(지금의 이스탄불)이 함락되자 러시아가 동방정교의 맥락을 잇게 된다.

양측의 기싸움은 이후로도 오래되어 무려 천 년 동안 두 교회의 수장은 서로 만나지 않았다. 그러다가 2016년 2월 라울 카스트로 쿠바 국가평의회 의장의 중재로 극적인 만남을 가졌다. 종교계의 천년 넘는 반목을 해결한 이가 우리에게 부정적 이미지로 각인된 카스트로라니! 사회주의와 종교를 화해시키고, 한뿌리에서 갈라져 버린 두 교회의 만남을 중재한 라울 카스트로는 어떤 사람일까? 그는 초대 국가평의회 의장이었던 피델 카스트로의 동생으로, 형과 체 게바라와 함께 쿠바 혁명에 참가했다. 다시금 언론에 비친 인물의 참모습은 왜곡되거나 편파적일 수 있다는 생각이 든다. 좋다는 것과 나쁘다는 것, 선하다는 것과 악하다는 것, 친구와 적! 이 모든 것이 처한 상황에 따라 시시각각 변하는 게 우리네 모습인가 보다.

가난한 사람을 배신하는 사람은 그리스도를 배신한다.
가난한 이와 멀어진 사람은 그리스도와 멀어진 사람이다.
  - 프레이 베토 신부와 피델 카스트로의 대화 -

러시아 사람들의 삶 속에 정교회는 깊숙이 자리 잡고 있는 듯 보였다. 택시를 타면 운전석에는 작은 성화가 놓여 있고, 우리 눈에 익은 성 바실리카 성당을 비롯하여 러시아 곳곳의 수많은 성당 앞에는 사람들로 가득했다. 붉은 광장안과 밖에 성당이 있고, 벽 주변에 성화가 그려져 있고, 광장 하늘엔 찬송가가 울려 퍼지고 있었다.

러시아 출장을 다녀온 지 5년이 지났다. 평화를 사랑하며 성당에서 기도를 드리던 이들이 독재의 오만함에 빠진 정치인들의 야욕으로 인해 전쟁터로 끌려가고 있다. 사랑하는 가족을 떠나 지난날 함께 어울려 놀던 친구에게 총부리를 겨누고 있다. 전쟁의 참화 속에 러시아의 금융 투자는 막혀있고, 하늘길도 막혀 우리나라에서 유럽 국가를 오가는 비행기는 2시간 이상을 돌아가야 한다. 수많은 사람들이 전쟁으로 인해 소중한 목숨을 잃어가고 있다. 저 동토 땅에서의 전쟁이 끝나고, 우리가 사는 이 땅에 참혹한 전쟁이 없는 날이 오기를 눈을 감고 묵묵히 기도한다.

예비신부의 눈물

    가슴 뛰는 첫사랑이 소련의 체조선수였듯이, 가슴 벅찬 첫 펀드는 러시아 펀드였다. 은행을 떠나 펀드매니저로 일하기 시작한 지 얼마 안 돼서 러시아 펀드를 출시하라는 특명이 떨어졌다. 당시 브라질 Brazil, 러시아 Russia, 인도 India, 중국 China의 알파벳 앞 글자를 따서 만든 브릭스 BRICs 라는 신조어가 등장했다. 네 나라에 투자하는 펀드가 급속도로 늘어나는 추세였다. 러시아 관련 서적을 읽어가며 경제, 정치, 문화에 대해 연구했다. 주말도 반납한 채 수 개월간의 시장분석에 매달려 러시아를 중심으로 독립국가연합의 주식시장에 투자하는 펀드를 출시하였다.

내가 운용하는 러시아 펀드의 대부분은 러시아에 상장된 종목들이었다. 우크라이나, 카자흐스탄 등에 상장된 종목들도 있었으나 수가 얼마 되지 않았다. 옛 소련의 공화국이었던 리투아니아, 라트비아, 조지아까지 투자 범위를 확대했으나 실질적인 투자 대상은 러시아 종목이었다. 투자를 시작하고 순탄하게 운용되던 펀드는 금융위기라는 직격탄을 맞았다. 펀드 수익률은 무섭게 곤두박질쳤다. 브릭스 국가 중에서도 러시아 주식의 수익률 하락이 제일 컸다. 고점 대비 무려 -80%까지 폭락하였다. 자신이 운용하는 펀드의 수익률이 전 세계 경쟁펀드의 성과와 매일매일 비교되는 펀드매니저의 일상에서 수익률 하락만큼 견디기 힘든 순간은 없다. 힘겨운 하루를 보내던 어느 날 펀드가입자라고 자신을 소개하는 전화를 받았다. 수화기 너머로 다급함이 가득한 목소리가 흘러나왔다.

"매니저님! 저 어떻게 해요?"

눈물을 애써 삼키는 흐느낌이 전해지는 여인의 목소리였다. 펀드매니저 일을 하면서 통화하는 일상적인 첫마디는 아니었다. 펀드매니저가 펀드 가입자와 통화할 일은 지극히 드물다. 대부분의 경우 펀드에 문의 사항이 있으면 펀드를 가입한 은행이나 증권사 지점으로 간다. 이것으로 해결이 안 되면 본점에서 판매할 펀드를 고르는 부서로 전화가 연결된다. 이마저도 안되면 펀드를 만든 자산운용사의 마케팅 부서에 문의한다. 자산운용사의 펀드매니저가 고객의 전화를 받는 경우는 이 모든 단계를 거쳐도 해결이 되지 않은 심각한 상황이다. 이야기를 들어보니 곧 결혼을 앞둔 예비 신부였다. 신혼집을 마련할 돈을 펀드에 투자하였는데 반토막이 나버린 것이었다. 당시 글로벌 주식시장은 1년 동안 -59% 폭락하는 공포의 도가니였다. 서너 개의 펀드에 투자했는데 그중 하나가 내가 운용하는 러시아 펀드였다. 러시아 펀드가 조만간 회복될 수 있는지 애타게 물었다. 펀드매니저가 미래를 알 수 있는 사람은 아니다. 왜 주식시장이 하락했는지에 대해 자세히 설명했다. 걱정스러운 마음에 다른 회사에 가입한 펀드들에 대해서도 물어보고 설명했다. 심각한 문제는 본인이 펀드에 가입한 사실을 예비 신랑이 모르고 있다는 것이었다.

"결혼식이 언제인가요?"

조심스러운 나의 질문에 목이 잠긴 나즈막한 목소리가 들렸다.

"다음 달이에요."

더 이상 해줄 수 있는 말이 없었다. 하락한 시장은 회복할 것이다. 그런데 한 달 안에는 회복하기 매우 힘들 것이다. 이 사실을 쉽사리 꺼낼 수 없었다.

"일단 신랑분께 사실을 말씀하시는 게 좋을 거 같습니다. 펀드를 보유하고 계시면 시간은 오래 걸리더라도 원금 회복은 될 겁니다. 다만 한 달 안에 급격히 회복하기는 현실적으로 어려울 거 같습니다."

말을 마쳤지만, 상대방은 아무런 말도 없이 오랜 시간 수화기를 내려놓지 않았다.

1년 4개월의 힘겨운 하락장을 지난 후 글로벌 주식시장은 서서히 반등하기 시작했다. 러시아 펀드는 전 고점을 회복하지는 못했지만, 비슷한 수준까지 올라오는 데 2년 정도의 시간이 걸렸다. 어느 날 편입된 종목들의 수익률을 살펴보다가 내 눈을 의심했다. 한 종목의 3개월간 수익률이 500%인 것이었다. 전산상 오류라 생각했다. 펀드에서 수익률 오류는 매우 심각하다. 매일 매일 펀드를 사고파는 투자자들이 많기에 수익률 오류는 법적 다툼으로 이어지기도 한다. 식은땀이 흘렀다. 종목을 자세히 보니 Synergy라는 종목으로 월간 수익률 500%가 맞았다. 이 회사는 보드카를 만드는 유명한 회사이다. 우리가 많이 들어본 벨루가라는 제품도 가지고 있다. 주가가 7달러 정도였는데 금융위기를 맞아 무려 0.12 달러까지 하락했다. 고점 대비 -98% 하락한 것이다. 폭락했던 주가가 시장이 회복하면서 석 달 만에 0.75달러까지 오른 것이었다. 이후 주가는 6달러까지 올랐다.

오랜 시간이 흘러 러시아 주식 투자에 있어 또 한 번의 믿지 못할 일이 벌어졌다. 미국 주식시장에는 다양한 상품의 ETF가 상장되어 있다. ETF Exchange Traded Fund는 증권거래소에 상장이 되어 일반 주식처럼 자유롭게 매매가 가능한 펀드이다. 인도시장을 추종하는 ETF, 원자재 시장에 투자하는 ETF 등 수많은 ETF 상장되어 있다. 그중 주가가 오르는 것에 두 배로 올라가는 레버리지 ETF도 있다. 국가의 주가지수를 추종하는 ETF는 변동성이 낮아 보수적인 투자자가 선호하는 상품이다. 그런데 러시아 지수를 추종하는 ETF가 상장폐지되었다. 간혹 ETF의 거래금액이 너무 적거나 운용하는 회사가 문제가 있어 상장이 폐지되는 경우는 종종 있다. 하지만 그 나라를 대표하는 지수를 추종하는 ETF가 상장 폐지되는 경우는 극히 드물다. 우크라이나 전쟁이 터지고 나서 러시아 주식의 해외 거래가 중지되어 버렸다. 이러한 결과로 미국의 유명 금융회사에서 더 이상 주가지수를 산출해 낼 수 없어 상장이 폐지된 것이다.

실은 큰돈은 아니었지만 러시아 ETF에 투자하고 있었다. 과거 러시아 펀드를 운용했기에 러시아 시장에 대해 잘 안다고 생각했다. 전쟁이 단기적인 이슈로 진정될 것이라 섣부른 판단을 했다. 대외적 변수로 급락한 주가는 곧 회복될 것으로 생각했다. 욕심이었다. 급락한 ETF가격은 회복할 기약도 없이 사라졌다. '총성이 울리는 곳에 투자하라'라는 탐욕이 가득한 이들의 말을 듣고 미련한 길에 합류했다. 돈을 잃은 것이 아깝지는 않다. 다만 바르지 않은 투자를 했다는 사실에 고개를 들 수 없었다.

☆☆☆☆☆
이야기 다섯,
Latin America

《소년 영웅 기념비》 공식명칭은 조국의 제단으로 멕시코시티의 차풀페텍 공원에 위치

지진에 대처하는 자세

　중남미 투자를 시작하기에 앞서 직접 주요 국가에 가기로 마음먹었다. 중남미는 거리상으로 멀기도 하고 낯설다. 어느 나라가 스페인어를 쓰는지, 어디가 포르투갈어를 쓰는지 헷갈렸다. 실은 브라질과 칠레의 위치도 남미에 있다는 정도만 알았을 뿐 잘 몰랐다. 우리나라에서 브라질까지 직항 항공편도 없다. 소위 말하는 직항은 있지만 미국 LA에서 한번 경유해서 기름을 다시 채우고 간다. 기내 좌석 번호가 안 바뀌기에 직항이라고 부른다. 태평양을 가로질러 가는 서울서 상파울루까지 거리가 18,330km인데 기름을 한 번만 넣고는 그 거리를 갈 수 없나 보다. 소요 시간은 30시간 정도 걸린다. 참고로 서울에서 런던까지는 8,800km이고 뉴욕까지는 11,000km이다.

멕시코를 첫 도착지로 하여 브라질, 칠레를 방문하는 2주간의 일정이 시작됐다. 다행히 직항으로 멕시코시티를 향하는 아에로멕시코 항공이 있었다. 그런데 이상한 건 한국서 멕시코시티로 가는 직항은 있는데 돌아오는 직항편은 없었다. 가는 사람이 있으면 오는 사람이 있을 텐데.

멕시코에서의 첫 일정은 GBM증권에서 멕시코 금융시장에 대한 세미나였다. 한국에서 몇 차례 전화로 회의했던 알베르토가 본사 앞에서 우리를 기다리고 있었다. 거구의 맘씨 좋은 인상의 알베르토와 오전부터 미팅을 시작했다. 열정적인 알베르토의 성격 때문인지 멕시코의 일정은 오전 7시부터 저녁 7시까지 꽉 짜여 있었다. 회의도 GBM 증권의 내부 회의실에서 아침밥을 먹으며 심도 있게 투자 관련 미팅을 진행했다. 오전 일정을 마치고 멕시코 증권거래소 방문을 위해 길을 나섰다. 해외 출장을 가면 반드시 그 나라의 증권거래소를 방문한다. 재래시장에 가보는 것이 사람들의 사는 모습을 가장 잘 느낄 수 있고, 박물관이 고유의 역사와 문화를 이해하는 출발점이듯, 금융시장을 이해하는데 첫걸음은 증권거래소에 가는 것이라 생각한다.

거래소로 걸어가는데 거리에 낯선 풍경이 펼쳐졌다. 주변 빌딩 안에 있던 모든 사람이 질서정연하게 거리로 나오고 있었다. 표정들은 여유로웠고 마치 우리나라 민방위 훈련을 하는 것 같았다. 거래소 바로 앞에서 건물안으로 들어가지 못하고 멍하니 그 광경을 지켜봐야 했다. 무슨 일인지 알베르토에게 물어보았다.

"실은 오늘이 1985년 9월 19일 6,000명의 목숨을 앗아간 대지진 추모일입니다. 매년 그날을 추모하기 위해 이렇게 모든 사람이 건물 밖으로 나옵니다."

알베르토의 목소리에는 준열함이 묻어 나왔다. 잠시 후 멕시코 증권거래소을 방문하여 자본시장에 대한 상세한 설명과 함께 다방면에 걸친 이야기를 나누었다. 호세 Jose Oriol 사장께 멕시코 주식시장에서 외국인 투자 비중을 묻자 곰곰이 생각하더니 이야기한다.

"거래소에서 투자자의 개인정보를 보유하지 않습니다. 주문을 낸 증권사의 고객을 역추적하면 외국인인지 내국인인지 알 수는 있겠지만, 개인정보라 따로 알 방법은 없습니다. 중요하지도 않고요."

맞는 말이었다. 그러고 보니 외국의 증권거래소를 방문하여 외국인 동향을 물으면 대부분 답은 모른다는 것이었다. 그러한 자료를 집계하지 않는다는 것이었다. 그런데 우리는 왜 이렇게 외국인 매매 동향에 촉각을 곤두세울까? 과거 금융시장 개방 후 우리나라 자본시장에 외국인 자금이 많이 들어와서 많은 영향을 끼쳤다고 한다. 이전까지 폐쇄된 시장이었으니 국내 투자자의 시장분석 능력이나 투자 기법 등이 여러 면에서 다소 미숙했을 것이다. 주먹으로 싸우던 시장에 갑자기 총을 든 사람들이 나타났으니, 외국인들이 상대적으로 이기기 쉬운 시장이었을 것이다. 무기의 차이였다기보다 그들이 오래전에 먼저 겪었던 일들을 당시 우리가 겪으니, 외국인 눈에는 금융시장의 흐름이 보였을는지도 모르겠다. 과거 급격한 국내 부동산 가격의 상승을 경험한 우리나라 사람들이 요즘 베트남 부동산에 과감히 투자하고 있는 모습과 흡사하지 않았을까?

오후 1시경 배고픔을 뒤로 하고 부동산업을 하는 회사인 산타페 Grupo Hotelero Santa Fe를 방문했다. 미팅은 그들이 운영하는 호텔에서 가졌다. 고층 건물의 미팅룸에서 회의를 시작한 지 10여 분이 지나서 난생처음 보는 광경이 펼쳐졌다.

건물이 흔들렸다. 고무처럼 좌우로 심하게 움직였다. 테이블 앞에 있던 사람이 왼쪽으로 가더니 다시 오른쪽으로 간다. 이어지는 심한 진동. 무슨 일인지 몰랐다. 눈앞에 있는 사람들의 얼굴이 창백해졌다. 뭔가 심각한 일이 벌어졌음을 직감할 수 있었다. 심한 흔들림은 2분 넘게 지속되었다. 내겐 1시간 같았다. 가장 큰 공포는 이게 언제 멈출지 모른다는 것이었다. 진동이 잠잠해지자 다들 핸드폰을 꺼내 뭔가를 확인하고 전화를 걸고 분주했다. 회사 관계자와 증권사 직원들까지도 그 순간만큼은 멀리 태평양을 건너온 방문객의 존재는 안중에 없었다. 도대체 이게 뭔가 하는 당혹감에 어리둥절해 있을 때 알베르토가 소리쳤다.

"Earthquake! (지진)"

그게 지진이었다. 호텔 관계자가 우리를 엘리베이터가 있는 쪽으로 대피시켰다. 지진이 발생하면 고층 건물에서 가장 안전한 곳이 엘리베이터가 있는 축인 것 같았다. 우리를 대피시키던 호텔 직원이 건넨 한마디가 멕시코에 대한 첫인상으로 강렬하게 각인되었다. 미소를 지으면서 지진에 놀란 우리에게 말했다.

"멕시코에 온 것을 환영합니다! Welcome to Mexico!"

그 공포의 순간 침착하게 말을 건네며 사람들을 대피시키는 그녀의 모습 속에 멕시코의 숨은 저력을 느낄 수 있었다. 사람들은 다 거리로 대피하고 우리만 남아 있는 듯했다. 지진이 발생하자마자 건물에 소방관이 들어왔다. 얼마 후 소방관들이 가스가 새지 않는다며 건물은 안전하다고 했다.

미팅 전 자기를 소개하며 브라질에서 근무하다 지난주에 멕시코로 발령받아서 좋다며 해맑게 웃던 제니퍼가 내 옆에서 공포에 떨며 눈물을 쏟아냈다. 눈물을 닦으라고 손수건을 건넸다. 잠시 후 그녀는 손수건을 돌려주더니 무서워서 집에 간다고 하고 밖으로 나가 버렸다. 주변은 어수선했다. 산타페의 프란시스코 사장이 내게 말을 건넸다.

"미스터 염! 어떻게 할까요? 미팅 계속할까요?"
"사장님이 결정하시죠."

도대체 이 상황에서 무엇을 더한단 말인가! 아마 그도 나와 생각이 같았으리라! 차마 먼저 미팅을 그만하자고 말을 못 하니 내게 물어봤으리라. 하지만 나 역시 내가 선뜻 그만하자고 말하기도 애매한 상황이었다. 머뭇거리는 내게 그가 물었다.

"무섭지 않으신가요?"

당연히 무섭지! 지금 이게 뭔 상황인지도 모르는데 현지인들은 알아들을 수 없는 스페인어로 여기저기 전화하고 있고, 어떤 직원은 무섭다고 집에 가는데 어찌 무섭지 않을 수 있는가! 그런데, 그때 내 입에서 한마디 짧은 답이 나왔다.

"예수님께서 지켜주십니다. Jesus protects us"

이렇게 하여 그 혼돈의 상황에서 미팅은 재개되었다. 1시간가량 진행되는 동안 귀에는 아무 말도 들어오지 않았다. 미팅이 끝나고 회사 관계자들은 돌아가고 알베르토와 우리만 남았다. 일단 건물 안에 있는 것이 더 안전할 것이라며 거리로 나가는 것을 만류했다. 방송이나 핸드폰을 통한 검색은 스페인어라서 상황을 정확히 파악할 수는 없었다. 규모 7.1의 큰 지진이 발생했다는 사실만을 방송의 자막을 통해 어림잡을 수 있었다.

 이후 오후 일정은 취소되었다. 다음 이틀간의 일정도 당연히 취소되었다. 오후 세 시경에 미팅장에서 나와 숙소까지 마냥 걸어갔다. 지진으로 도로가 마비되어 걷는 수밖에 없었다. 아침 8시에 간단히 먹은 게 다였다. 배가 고파왔다. 하지만, 모든 식당이 문을 닫아 점심을 먹을 수 없었다. 호텔에 도착하니 입구와 로비가 아수라장이 되어 있었다. 건물 안은 금이 가 있었다. 5층에 있던 객실은 1층으로 옮겨주었다. 그렇게 그날 아침 말고는 아무것도 먹지 못했다.

 재난의 현장에 이틀을 더 머물렀다. 지진의 여파로 공항이 하루 동안 폐쇄되었고, 평상시 60만 원정도 하는 브라질 상파울루까지 항공료는 500만 원까지 치솟았다. 이마저도 비행기표가 없었다. 무엇보다 재난의 현장에 함께 있었다는 사실이 주는 동지애가 우리의 발목을 잡았다. 혼자 살자고 떠날 수는 없었다. 그렇게 이틀을 더 머물렀지만 마땅히 할 것이 없었다. 호텔 안에 있는 것이 더 무서워서 거리로 나섰다. 사람들은 건설 현장에서 착용하는 안전모를 쓰고 돌아다녔다. 지진의 여파로 많은 건물들이 무너져 출입이 가능한 곳이 없었기에 마냥 거리를 걸었다. 걷던 길을 멈춰 선 곳은 6개의 기념비 같은 기둥이 솟아 있는 장엄한 곳이었다.

"소년 영웅 기념비 Monumento a Los Niños Heroes"

1847년 멕시코와 미국의 전쟁에서 차풀테펙 성 Chapultepec Cstle이 포위됐을 때, 끝까지 항전한 6명의 사관학교 학생을 기리기 위한 기념탑이다. 마지막 순간에 미군의 손에 의해 멕시코 국기가 떨어지는 것을 막고자 자신들의 몸에 국기를 칭칭 감고 성벽에서 뛰어내렸다고 한다.

원래 멕시코 영토였던 텍사스 지역이 미국 영토에 편입되는 것을 발단으로 시작된 전쟁에서 멕시코가 패했다. 그 결과 뉴멕시코, 네바다, 캘리포니아, 유타, 애리조나, 와이오밍을 아우르는 드넓은 땅을 헐값에 빼앗긴다. 그 지역에 살던 사람들이 아직 남아 있으니 어찌 보면 히스패닉이 미국에 많은 것은 당연한 것 아닐까? 그곳은 그들의 삶의 터전이었으니!

우리의 아픈 역사가 차풀테펙에서 떠올라 강한 동질감에 한동안 그곳을 떠날 수 없었다. 우리의 영토인 간도, 연해주에 살던 수많은 우리 선조가 강제 이주와 차별 속에 겪었을 서러움들을 생각하니 멕시코 사람들이 남같이 않았다.

나흘이 지나 공항으로 가는 길 우리는 멕시코 국립자치대학 올림픽 경기장을 지나가게 되었다. 수천 명 사람이 전국에서 보내온 재난

구호 물품을 모으고 있었다. 다들 큰소리로 "Viva Mexico! (멕시코 만세)"를 외치며 서로를 격려하고 있었다. 재난의 상황에 한데 뭉치는 그들의 저력 또한 우리와 많이 닮은 것 같다. 공항에 도착하니 천정이 무너져 내린 것을 수리하고 있었다. 짧은 체류 기간 동안 깊은 정이 든 멕시코를 떠나는 것이 아쉬웠다. 투자자로서 많은 기업을 보지 못한 것이 내내 아쉬움으로 남았다. 그래도 방문 기업이었던 산타페가 운영하는 호텔이 지진의 여파에도 안전한 걸 보니 회사는 견실하다고 생각하며 멕시코를 떠났다.

《파울리시타 대로》 상파울루에 있는 2.8km의 8차선 대로. 일요일에는 차가 다니지 않고 시민들이 자유로이 걸어다닌다.

다양성의 인정, 배려와 관용

　지진의 충격을 안은 채 멕시코를 떠나 브라질 상파울루로 가는 길. 멕시코 시티 베니토 후아레스 공항에 도착하자 지진의 여파로 군데군데 벽에 금이 가있었다. 멕시코 일정을 무사히 마치게 해주신 하나님께 감사드리며, 지진으로 인한 상처받은 멕시코 사람들의 마음에 위안을 주시길 기도드렸다. 상파울루까지는 10시간이 걸리는 먼 비행이었다. 자정에 떠나는 비행기는 오전 11시경에 도착 예정이었다. 기내에서 앉은 채로 밤을 보내야 하기에 잠은 쉽사리 오지 않았다. 낯설고 먼 곳으로 향하는 마음에 설렘보다는 불안함이 더 컸다.

　지구 반대편에 있는 남아메리카 대륙. 보통 미국 로스앤젤레스를 경유해서 가는데 한국서 LA까지 12시간을 비행기를 타고 중간에 내렸다가 다시 상파울루까지 12시간이 넘게 걸린다. 비행기만 말 그대로 하루 종일 타야 하는 거리다. 거리상으로 멀어서인지 브라질에 대해 아는 것이 너무 없었다. 공용어가 스페인어인지 포르투갈어인지 헷갈렸다. 브라질은 포르투갈어를 쓴다. 나머지 남미 국가들은 대부분 스페인어를 쓴다. 브라질이라는 나라 이름은 어디서 유래되었을까? 포르투갈인들이 남미 대륙에 정착한 후 붉은색 염료를 만들 때 쓰이는 나무를 가리켜 불타는 숯처럼 붉은 나무라는 뜻의 『파우 브라질 pau-brasil』이라 불렀다. 유럽에 이 나무를 수출하면서 이 땅은 『브라질의 땅 Terra do Brasil』이라고 불리게 되었다. 이것이 브라질이라는 나라 이름의 유래이다.

10시간의 비행 끝에 도착한 상파울루는 남국의 정취로 가득한 설렘으로 다가왔다. 하지만 시내로 향하면서 걱정이 앞서기 시작했다. 다들 브라질에 출장을 간다고 하니 치안이 불안하다며 걱정했다. 출발 전 숙소를 도심에 있는 4성급 호텔로 예약했었다. 여러 나라에 체인을 가진 호텔로 도심에 있으니 안전하리라 생각했다. 그런데 떠나기 몇 일전 브라질 현지 직원과 전화 통화 중에 호텔 위치를 이야기하자 놀라며 걱정 어린 말을 전해왔다. "거기는 너무 위험해요." 자세한 설명은 안 해주면서 위험하니 가급적 숙소를 옮기라는 것이었다. 우리나라로 치면 종로나 명동 정도 위치인 도심인데 위험하다니. 그럼 도대체 어디가 안전하다는 것인가? 결국 도심에서 떨어진 이비라뿌에라 공원 Parque do Ibirapuera 근처에 있는 호텔로 바꾸었다.

　호텔에 도착하여 짐을 풀고 나니 나른한 토요일 오후였다. 가벼운 운동복으로 갈아입고 이비라뿌에라 공원으로 가보았다. 조깅하며 살펴보니 규모가 엄청날 뿐만 아니라 상파울루에 사는 사람이 다 모인 것처럼 붐볐다. 조깅하는 사람, 반려견과 산책하는 사람, 여럿이 모여 게임을 하는 사람 등 다양한 인종의 남녀노소가 자유로이 시간을 보내고 있었다. 아직 도심 한복판으로 가보지는 않았으나 치안이 불안하다는 우려와 달리 상파울루는 평온한 곳이라는 느낌이 강했다. 조깅하다 공원 안에 눈에 띄는 건물이 보였다. 호기심에 발걸음을 돌리는데 자전거를 타고 있는 한 아가씨와 눈이 마주쳤다. 그녀는 눈부시게 아름다운 미소를 지으며 천천히 내게 다가오고 있었다. 하얀 원피스를 입은 아가씨는 내 앞에서 자전거를 멈추더니 예쁜 꽃 한 송이를 내게 건네며 말을 걸었다. 머나먼 남국에서 로맨스를 직감하며 이내 심장은 두근거리기 시작했다. 포르투갈어를 못한다고 그녀에게 말을 건네려는 순간, 그녀는 다시금 짧은 말을 건네더니 자전거 페달을 힘차게 밟으며 내 곁을 스치듯 지나갔다. 그녀의 떠나가는 뒷모습을 멍하니 바라보았다. 그녀는 중간중간 자전거를 멈추고 사람들에게 바구니에 담긴 꽃을 전해주고 있었다. 주변을 둘러보니 같은 하얀색 원피스를 입은 아가씨들이 몇 명 더 있었다. 아! 꽃집 아가씨였던 것이었다. 비록 로맨스는 아니었지만, 꽃을 받은 상쾌한 마음으로 건물로 들어섰다. 박물관이었다.

전시실에 들어서자 방금 전의 상쾌함은 숙연함으로 바뀌었다. 브라질에는 지난날 아프리카에서 온 흑인들중 체격이 작은 사람이 많았다. 키가 큰 흑인은 목화를 따기 위해 미국으로 팔려나갔고, 키 작은 흑인은 사탕수수를 베기 위해서 브라질로 팔려 왔다고 한다. 또한 브라질에서 광맥이 발견되었을 때 굴 높이를 150㎝ 정도로만 뚫었다고 한다. 굴의 높이를 높게 하면 그만큼 더 크게 파야 하기 때문 키가 작은 흑인을 선호했다. 믿기지 않는 사실은 키 큰 흑인들은 아예 죽여 버렸다고 한다. 그래서 키가 작은 사람들만 살아남았고, 후손들도 키가 작다고 전해진다.

브라질에서 흑인이 차지하는 비중은 공식 통계에 따르면 7.6%에 불과하다. 그런데 실제로 길에서 마주치는 사람들을 보면 이보다 흑인 비중이 더 높을 것 같았다. 왜 그런지 곰곰이 생각해 보았더니 브라질에서는 인종 구분 자체가 크게 의미가 없기 때문인 것 같았다. 미국에서는 흑인의 피가 한 방울만 섞여도 흑인으로 간주한다고 한다. 하지만 브라질은 다르다. 흑인과 백인, 흑인과 원주민, 백인과 원주민들이 결혼해서 아이를 낳으면 혼혈로 분류한다. 그리고 이런 혼혈의 과정이 수없이 반복되어 지금은 겉모습으로 흑인과 혼혈과 백인으로 구분한다. 공식적인 인종 구성은 백인 47.7%, 혼혈 43.1%, 흑인 7.6%, 아시아계 1.1%, 아메리카 원주민 0.4%이다. 내가 공원에서 우연히 방문한 곳이 흑인들의 역사를 담은 아프리카 박물관 Museu Afro Brasil이었다.

박물관을 둘러보던 중 한 사진 앞에서 발걸음을 뗄 수 없었다. 무엇인가에 한대 얻어맞은 듯 한참을 멍하니 서 있었다. 배 안에 빈 공간없이 마치 짐처럼 사람들의 손발을 묶은 채 호송하는 당시의 실제 노예선 사진이었다. 그전까지 노예선의 존재도 잘 몰랐을 뿐만 아니라 막연히 좁은 선실에 많은 인원이 왔을 거라 상상했었다. 하지만 그건 너무 안일한 생각이었다. 인간의 탐욕이 같은 인간에게 얼마나 잔혹할 수 있는지 알게되었다. 저들은 그 먼 항해 기간동안 어떻게 저런 상태로 이곳까지 올 수 있었을까? 과연 그들은 음식은 먹었을까? 생리 현상은 어떻게 해결했겠느냐는 생각은 사치로 여겨졌다. 그들의 깊은 아픔을 아주 조금이나마 이해할 수 있었다.

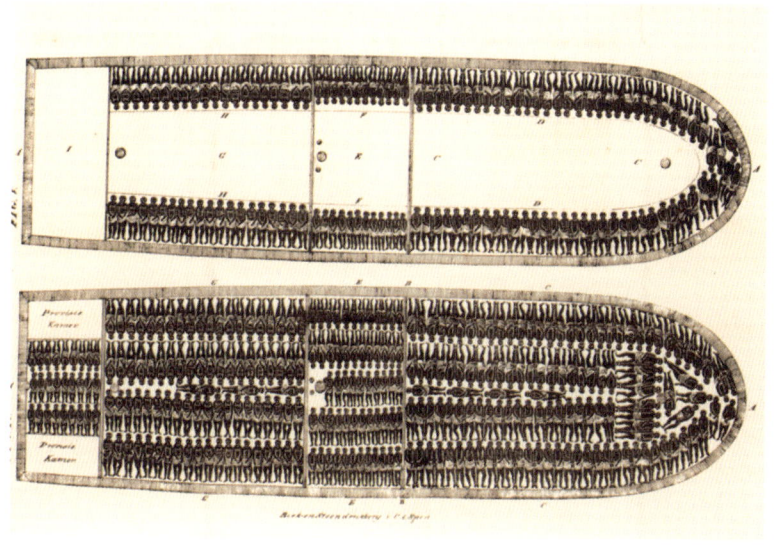

다음 날 한인교회를 가려 준비하고 있었다. 마침 하나은행 입행 동기인 한욱현 차장이 브라질 지점에서 근무하고 있었다. 호텔 앞에서 만난 욱현이 걱정스러운 듯 교회로 향하는 차에서 말했다.

"형! 교회가 빈민가 근처에 있어서 조금 위험해요. 경찰들이 주말에 아르바이트로 경비를 서 줘서 큰 문제는 없을 거예요."
"경찰이 아르바이트한다고?"
"네! 일을 안 하는 주말에 아르바이트로 교인들 경호를 해주고 있어요."

덜컥 겁이 난 내게 더 충격적인 이야기를 건넸다.

"형! 지난주부터 리우데자네이루 경찰 파업한 거 뉴스 보셨어요? 지금 거기는 거의 마비 상태래요"

거리에 적힌 글자가 스페인어인지 포르투갈어인지도 모르는 내가 어찌 뉴스와 신문 내용을 알았겠는가? 경찰이 파업한다는 사실이 믿어지지 않았다. 예배를 드리고 가장 번화한 거리라는 파울리시타 대로 Avenida Paulista로 향했다. 우리나라로 치면 종로 정도 되는 곳으로 왕복 8차선 대로였다. 주말에는 차량 통행을 금지하고 사람들이 자유로이 걸어가는 길이 된다고 한다. 다양한 공연들이 자유로이 펼쳐지고 있었다. 도심 한복판 거리를 걷는 여유로움이 따스한 남국의 햇살과 함께 피로를 말끔히 씻어주었다.

상파울루에서 시간을 보내면서 느꼈던 신기한 점은 내가 이방인이라는 느낌을 전혀 받지 않았다는 것이다. 어느 나라를 가나 이방인으로서 느끼게 되는 뭔지 모를 낯섦과 티가 나지 않는 현지인들의 시선이 있다. 생긴 게 비슷한 일본, 중국뿐만 아니라 대표적인 다민족 국가인 미국에서도 이방인을 바라보는 시선을 느끼게 된다. 그런데 상파울루에서는 전혀 그런 어색함을 느낄 수 없었다.

공식 일정이 시작된 후 여러 기업을 방문하면서 원래 예약했던 도심의 호텔 앞을 지나가게 되었다. 순간 왜 호텔을 옮기라고 했는지 알 수 있었다. 주변에 노숙자가 많았다. 치안이 정말 불안해 보였다. 유명한 성당 안에도 노숙자들이 버젓이 앉아서 자고 있고, 여럿이 성당 앞에서 구걸하고 있었다. 대낮에 인도를 점거하고 있는 저들이 보이지 않는 듯 경찰과 노숙자가 한데 어우러져 있었다. 몇 사람은 아예 텐트도 치고 있었다. 고층 빌딩 앞에는 노숙자들이 자리를 펴고 구걸하고 있다. 여긴 도심 한복판인데 어찌 이럴 수가 있을까?

그런데, 지저분하고 치안이 불안하다는 생각은 시간이 지나면서 조금은 다른 각도로 바뀌기 시작했다. 오래전 노예선에서 인간 이하의 취급을 받고 바다를 건너온 이들의 땀으로 건설된 나라인 브라질. 세련된 건물 앞에 따스한 오후 햇살을 받고 누워 있는 노숙인에게 도시의 미관을 해친다는 말을 과연 할 수 있을까? 선조들의 고통을 기억하는 이들이 과연 노숙인에게 여기서 나가라고 소리칠 수 있을까?

순간 생각해 보았다. 우리나라 명동성당 앞에 노숙자가 있었나? 잘 모르겠다. 한동안 근처에 가보지를 못했다. 역과 지하철에는 노숙하는 분들이 있다는 건 안다. 이마저도 밤에 보았지 낮에는 본 적이 없다. 우리나라 강남대로 있는 빌딩 앞에 노숙자가 있는가? 아마 경찰이 오기 전에 빌딩 관리인이 나와서 쫓아낼 것이다. 아니면 건물주가 당장 그 관리인을 해고할 테니.

그런데 이들은 뭐가 다른 것일까? 다른 시각에서 보면 사람에 대한 관용과 배려 아닐까? 노숙자가 보기에 좋지 않을 수 있다. 하지만 그들도 갈 곳이 없으니 거기에 있는 것이 아닐까? 정부가 그들이 머물 수 있는 곳을 마련해 준다면 어떠했을까? 능력이 뛰어난 사람은 좋은 집에서 기름진 음식을 먹고 있을 것이다. 그런데 모두 능력이 있는 사람만 세상에 있으면 어떻게 될까? 뭔가 부족한 사람도 있으니, 능력이 뛰어난 사람이 그들을 감싸안고 가는 사회가 건강하지 않을까? 보기는 좋지 않으나 심각한 피해를 주지 않는 한 쫓아내지 않고 한데 어우러져 있는 모습. 치안을 위해 경찰이 있으나 그들을 몰아내지 않는 모습이 어찌 보면 더 사람 사는 모습 같았다. 과거 잘사는 나라를 만들겠다고, 세계에서 손님이 오는 올림픽을 한다고 노숙자, 거지, 철거민들을 폭력으로 쫓아냈던 모습을 보고 깨끗하다 할 수 있을까?

하나님께서 보시기엔 이 세상 사는 우리 모두 다 지저분한 죄악에 물든 추악한 존재인데, 예수님이 우리를 지저분하다 멀리하셨는가?

이곳에 오기 전까지 나는 브라질 정치가 부패했다고 생각했다. 우리나라가 못살 때 이들은 선진국이었으나, 지금은 과거의 영화를 잃고 경제력이 추락해 있다고 너무 쉽게 단정 지었다. 그들에겐 사람에 대한 배려와 관용이 있었다.

밤을 잊은 그대! 산티아고

중남미 3개국 출장의 마지막 여정인 칠레 산티아고에 도착하였다. 대지진의 현장에 동질감을 느꼈던 멕시코와 자유로움을 느꼈던 브라질에서의 일정을 무사히 마치고 도착한 칠레 산티아고의 첫인상은 평온함이었다. 무엇보다 도심에서도 보이는 저 너머 안데스산맥의 모습이 참 좋았다.

산을 가면 이유 없이 기분이 좋아진다. 학창 시절 여름이 되면 바다보다 산을 주로 갔다. 산다운 산을 처음 오르게 된 것은 대학교 1학년 여름방학이었다. 초등학교부터 고등학교까지 함께 다닌 죽마고우 종완이와 한 달간 전국 일주 여행을 떠났다. 배낭을 메고 전국 방방곡

곡을 누비고 다녔다. 처음엔 무전여행을 하겠다는 객기에 지나가는 차를 잡아타고 여행하기도 했다. 강원도에 도착해서 한계령 근처에서 하룻밤을 묵고, 커다란 등산용 배낭을 짊어지고 설악산을 가기 위해 새벽녘에 나섰다.

"종완아! 설악산 가는 길 찾아갈 수 있겠니?"
"응! 지도 보니까 조금 가다가 왼쪽으로 꺾으면 될 거 같아!"

둘 다 여행이라고는 처음 해보는 혈기만 앞서는 청년이었다. 갈림길에서 이정표가 눈에 보였다. 오색약수 10km! 쌀가마니 같은 배낭을 짊어지고 그 길을 걸어가고 있었다. 얼마 가지 못해 우리들은 녹초가 되었다. 도로가에 펄썩 주저앉아 종완이가 말했다.

"이건 아닌 거 같다."
"그래! 지나가는 차를 잡아보자"

시간이 지나도 우리를 태워주는 차는 없었다. 한 시간 즈음 지났을 때 차 한 대가 우리를 살짝 지나 멈추었다. 부리나케 달려가 보니 40대 후반 정도의 아저씨가 차 문을 열며 말씀하셨다.

"젊은이들! 어디까지 가시나?"
"설악산에 가려고 합니다"

"잘 됐네. 나도 지금 대청봉에 가려던 참인데 함께 가세."

덕분에 차도 얻어 타고 초행길인 대청봉까지 함께 갈 가이드도 생겼다. 오색약수터에 차를 세우고 등산 준비를 했다. 배낭을 짊어지고 준비하자 아저씨께서 놀라며 말씀하셨다.

"자네들! 그 배낭을 메고 산에 갈 생각인가? 아마 몇 걸음 못 가서 쓰러질 걸세. 짐은 내 차에 두고 나중에 하산하면 찾아들 가게"

난생처음 등산을 해보는 우리는 배낭이 없는 단신의 몸인데도 몇 걸음 못 가서 숨이 차기 시작했다. 30분도 되지 않아 심장이 끊어질 것만 같고, 다리는 후들후들 떨렸다. 앞으로 5시간 정도 걸릴 대청봉까지 갈 엄두가 나지 않았다.

"힘들지? 등산은 처음 30분이 가장 힘드네. 이 고비만 지나면 몸이 적응해서 괜찮을 걸세. 힘내게!"

숨이 끊어질 것만 같던 고통이 신기하게도 시간이 지나자 익숙해졌다. 그리고 발걸음은 지속해서 앞으로 향하게 되었다. 중간중간 힘이 들면 잠시 그루터기에 앉아 쉬면서 땀을 식혔다.

"앞으로 자네들 삶은 이보다 더 힘들 걸세. 그래도 참고 계속 걸어

나가는 거야! 포기하지 말고. 그러면 정상이 보일 걸세"

이렇게 우리는 난생처음 대청봉에 올랐다. 이후로도 난 마음이 답답할 때면 몇 차례 대청봉을 찾았다. 대청봉에 오를 때 정상이 가까워지면 주변 환경이 어느 순간 바뀌는 것을 몸으로 느낄 수 있다. 먼저 들이마시는 공기가 바뀐다. 그리고 주변 나무와 수풀들의 모습이 그 전까지와는 확연히 달라진다. 이런 느낌이 들고 나면 10분 내로 정상이 눈앞에 보인다. 우리네 삶도 마찬가지 아닐까? 오랜 시간 별다른 변화가 없는 인고의 시간에 지치기도 하고 힘들어한다. 하지만 그 시간을 견디면 어느새 꿈꾸던 곳에 이르게 되는 인생길은 산행과 많이 닮았다. 이런 경험 때문인지 난 산이 좋다. 산티아고에서 바라보는 안데스산맥을 보면서 언젠가 이곳에 다시 오고 싶다는 생각이 들었다.

칠레의 주식시장 규모는 중남미에서 브라질, 멕시코에 이어 3위이다. 경제 규모는 GDP 3,300억 달러 수준으로 1조 7,000억 달러가 넘는 멕시코와 2조 달러가 넘는 브라질에 비해 상대적으로 작다. 하지만 국가 신용등급은 S&P 기준 A로 투자하기 좋은 국가로 분류된다. 참고로 멕시코는 BBB로 간신히 투자적격 수준이나, 브라질은 BB로 투자 부적격 국가이다. 칠레의 1인당 국민소득도 15,000달러 수준으로 9,000달러 수준인 멕시코와 브라질보다 높다.

남미의 스위스라 불리는 칠레 하면 어떤 것들이 떠오를까? 등산을 좋아하는 이들은 안데스산맥을 떠올릴 것이고, 누군가는 칠레 수출의 25%를 차지하는 구리의 세계 최대 노천 광산인 추키카마타 Chuquicamata 광산을 떠올릴 것이다. 유년 시절 읽은 소설 로빈슨 크루소의 무대인 무인도가 칠레에 있다는 사실을 떠올리는 사람도 있을 것이다. 아마도 많은 이들이 칠레 하면 와인을 떠올리지 않을까?

우리에게 익숙한 칠레 와인은 한국과 칠레의 자유무역협정 체결을 기점으로 우리나라에 널리 수입되기 시작했다. 칠레에서 와인이 생산된 것은 16세기 경이다. 와인 생산을 위한 포도의 첫 수확은 1551년으로 기록되어 있다. 하지만, 당시의 와인은 품질이 좋지 못했다. 와인은 주로 프랑스 등지에서 수입했고, 스페인에서 건너온 지주들이 즐기곤 했었다. 이런 칠레에 와인 산업의 발전을 가져오게 되는 사건이 19세기 중반 유럽대륙에서 발생했다. 1863년경에 프랑스 남부지방을 시작으로 포도 진드기가 발생하여 프랑스 전역의 포도 재배는 막대한 피해를 보았다. 이 피해가 전 유럽으로 확산하였고 이에 따라 수많은 농가가 파산하고 실업자가 증가하였다. 그때 지중해성 기후를 가지고 있고, 포도 재배에 완벽한 토양과 일조량을 가지고 있는 칠레는 사람들에게 재기의 땅으로 인식되었다. 수많은 프랑스의 와인 농가들이 새로운 꿈을 안고 칠레로 이주하였다. 오늘날 칠레는 프랑스, 이탈리아, 스페인에 이어 세계 4위의 와인 수출국이 되었다.

해외주식 투자자 입장에서 칠레 와인 기업은 특별한 의미를 가진다. 전 세계에 주류 회사 중 맥주나 위스키 제조사는 증권거래소에 상장된 곳이 많이 있다. 하지만 와인 제조사는 기업공개를 하지 않는 경우가 대부분이다. 이러한 상황에서 칠레 와이너리 중 우리에게 '몬테스 알파', '1865'등의 와인으로 유명한 산페드로 Vina San Pedro라는 상장 회사가 있다. '1865'와인은 회사의 설립 연도이기도 하고, 골프에서 18홀을 65타에 치기를 기원한다는 의미로 불리기도 한다. 와인 이름치고는 재미있다. 또한 '디아블로'라는 와인으로 유명한 상장 회사인 콘차이또로 Concha y Toro가 있다. 다행히도 콘차이또로 와이너리는 산티아고에서 한 시간 정도 거리에 자리 잡고 있어 기업탐방을 갈 수 있었다. 와이너리로 가는 길 회사의 홍보 담당 임원 클라우디아 Claudia Cavada Sossa가 차에 동승하여 회사 소개를 해주었다.

"콘차이또로는 중남미 지역에서 가장 큰 와인 기업입니다. 와이너리는 칠레 전역에 자리 잡고 있고, 전체 면적은 8,720헥타르에 달합니다. 1883년에 회사를 설립하여 135년 역사를 가지고 있습니다. 1923년부터 산티아고 증권거래소에서 거래되었습니다."

그녀는 와이너리로 가는 한 시간 내내 단 한마디도 쉬지 않고 회사와 와인의 역사와 품종에 관해 설명해주었다.

"저희 와이너리의 주요 품종은 화이트 와인으로 샤르도네 Chardonnay, 소비뇽 블랑 Sauvignon blanc 등이 있고, 레드 와인으로 카베르네 소비뇽 Cabernet Sauvignon, 메를로 Merlot 등이 있고…"

그녀의 열정적인 설명에도 불어로 된 와인 품종이 나오자 졸리기 시작했다. 난 불어를 읽을 줄 모른다. 중남미 출장 동안 알아들을 수 없는 스페인어에 정신없어하다 프랑스어까지 나오니 지금 내가 듣고 있는 말이 영어인지 스페인어인지 프랑스어인지 구분할 수 없었다. 나는 와인에 대해 잘 모른다. 다만 마셔본 것 중에는 쉬라즈 Shiraz가 내 취향에 맞았다.

담벼락이 예쁜 와이너리 입구에 도착했다. 아담하게 지어진 2층 건물이 우리를 반기고 있었다. 그곳에서 생산된 와인을 곁들인 점심을 먹고 와이너리 탐방을 시작했다. 와인 저장소에 들어서자 갑자기 출입구 문이 닫히더니 불이 다 꺼진다. 안 그래도 서늘한 와인 저장소에서 사방이 어두우니 무섭기까지 했다. 무슨 일인가 의아했는데 갑자기 디아블로 와인의 유래에 대한 재미난 그림자극이 나온다. 와이너리에서 일하는 일꾼들이 밤마다 와인 저장소에 들어와 몰래 와인을 훔쳐먹는 일이 자주 발생했다. 어떻게 하면 와인 도난을 막을 수 있을까 고민하던 설립자 멜쳐 Melchor Concha y Toro는 밤이 되면 와인 저장고에서 몰래 숨어 있었다. 숨죽여 기다리던 도둑이 들면 악마 흉내를 내서 도둑을 쫓았다고 한다. 그래서 악마가 나오는 와인 저장고라는 소문이 났다. 이것이 와인 저장소의 악마라는 뜻을 지닌 와인 까시에로 델 디아블로 Casillero del Diablo의 유래이다. 서늘한 와인 저장소에서 나와 따스한 햇살을 받으며 드넓은 포도밭에 펼쳐진 다양한 품종의 포도 재배 상태를 점검하였다. 답답한 사무실이 아닌 흙 내음 가득한 들판에서 회사의 재무 상태에 대해 이야기를 나눈 후 산티아고 시내로 돌아왔다.

산티아고에서의 출장 일정의 마지막 밤을 보내기 위해 현지 직원인 호세 Jose Correa에게 좋은 식당을 물어봤다. 그는 한참을 고민하더니 옆에 있던 소비재 애널리스트인 안드레스 Andres Urzia에게 도움을 청했다.

"보카나리즈 Boca Nariz에 가보세요. 숙소에서 걸어갈 수 있고, 주변에 박물관, 식당들이 많은 라스타리아 Lastarria지역에 있어서 볼거리도 많을 겁니다. 그런데 밤 9시 넘어서 가야 될 거예요."

"9시라고요?"

"네! 보통 좋은 식당들은 8시 넘어 오픈을 합니다."

한국에서는 보통 식사를 마치고 집에 갈 시간인데 9시에 시작이라니! 안드레스의 조언대로 느지막이 외출했다. 길었던 중남미 여정의 피곤함을 칠레 와인 한잔으로 날려 보냈다. 언제 다시 올지 기약할 수 없는 아쉬움을 와인 한 모금의 향기로 달랬다. 환한 웃음으로 이야기 꽃을 피우던 우리는 자정이 가까워져서 식당에서 나왔다. 그런데 그 시간에도 식당과 노천카페에 사람들이 가득했다. 술에 취한 취객이 있는 것이 아니고, 백발의 노부부, 청춘 남녀, 친구들이 오손도손 앉아 대화를 나누면서 저녁 시간을 보내고 있었다. 도대체 칠레 사람들은 몇 시에 잘까?

☆☆☆☆☆☆
이야기 여섯,
United States

시카고의 《네이비 피어》에서 바라본 미시간 호수의 일출

아쉬움, 그리움, 그리고 꿈

시카고 하면 옥빛이 감도는 푸른 시카고 강이 떠오른다. 강가를 따라 늘어선 멋진 건물을 보며 달리는 새벽 조깅은 하루의 시작을 특별하게 맞이해 준다. 달리다가 맞이하는 미시간 호수의 탁 트인 풍경과 눈부시게 아름다운 일출은 시카고가 주는 선물이다.

시카고에서 누릴 수 있는 일상의 멋은 미국 3대 스페셜티 커피 중 하나인 인텔리젠시아 Intelligentsia에서 맛보는 향기 가득한 커피 한잔이다. 바쁜 하루 일정을 시작하기 전 머금은 커피 한 잔의 여유, 고된 하루를 마치고 숙소로 돌아오기 전 커피 향 가득한 매장에 앉아 느끼는 짧은 순간의 호사.

펀드매니저로서 미국 출장길은 바쁜 일정을 소화해야 하는 경우가 많다. 점심시간을 내기 힘들어 방문하는 회사의 회의실에서 샌드위치로 점심을 먹는 경우가 대부분이다. 몇 해 전 세인트루이스에 있는 금융회사를 방문한 적이 있었다. 그 회사의 본사가 시카고에 있어 방문하게 되었다. 사람은 두 번째 만나면 한층 반가워지는 것 같다. 한번 보고 지나치는 관계가 아니라는 느낌에서 오는 친근함이랄까! 덩치가 산 만한 매튜가 건물 로비에서 푸근한 미소로 반갑게 맞이해 준다. 몇 해 전 세인트루이스에서 만났을 때보다 살이 빠졌다며 신이 나서 자랑한다. 아침부터 빡빡하게 이어진 미팅 끝에 점심시간이 다가왔다. 회사 사장부터 임원들이 다 함께 특별히 시카고 피자를 배달해서 먹는다고 했다. 한국에서 손님이 왔으니 시카고에서 가장 맛있는 피자를 주문했다고 했다. 역사가 오래된 맛집이라고 자랑한다. 시카고 출장길에 오르며 꼭 피자를 먹어보리라 생각했다. 엄청 두툼한 빵 위에 잔뜩 얹혀진 치즈로 유명한 시카고 피자는 딥디쉬 피자 Deep Dish Pizza로 불린다. 시카고 피자를 맛본다는 생각에 절로 흥이 났다. 한국에서 직원들과 피자를 먹듯이 미국 회사에서 직원들과 둘러앉아 피자를 먹는다고 생각하니 더욱 친밀감이 생겼다. 드디어 피자가 배달되었다. 피자노스 Pizano's라는 로고가 있는 박스를 보자 직원들의 표정이 밝다. 정말 맛있는 피자인 걸 알 수 있었다. 열 명 남짓 직원들이 둘러앉아 피자 박스를 여는 순간 실망하는 표정을 감출 수 없었다. 사진에서 보던 시카고 피자가 아니었다. 평소 많이 보던 평범한 얇은 피자였다. 수석 펀드매니저인 와일리 Wiley D. Angell씨가 실망한 내 표정을 보고는 위로의 말을 건넸다.

"시카고 사람들은 두꺼운 피자 잘 안 먹어요. 이 얇은 피자가 정말 맛있어요."

실은 맛있었다. 하지만 나를 보며 미소를 짓는 그에게 이렇게 외치고 싶었다.

'알아! 맛있는 거. 그런데 난 그 두꺼운 피자를 먹는 줄 알았다고……'

기나긴 일정이 끝나고 숙소로 가는 길, 곧장 쉬고 싶은 마음을 다잡고 유명한 피자집인 루말라티스 Lou Malnati's로 향했다. 생각대로 대기하는 줄이 엄청나게 길었다. 한 시간을 넘게 기다려 딥디쉬 피자를 포장해 와서 먹었다. 하루에 두 끼를 모두 피자로 먹었다. 뭔가 꿈에 그리던 것을 해보고, 꿈에 그리던 곳에 가본다는 것은 우리네 삶에서 작은 행복인 거 같다.

오랫동안 그리던 꿈이었지만 이뤄보지 못한 것이 내게 하나 있었다. 성공하고 실패하고를 떠나 오랫동안 꿈꾸고 열심히 준비해 왔는데 시도해 보지 못한 그 무엇. 그것이 내겐 해외 유학이었다. 스무 살 신입생 때 유학에 대한 막연한 꿈을 꾸었고, 군복무를 마치고 복학하면서 본격적인 준비를 했다. 유학이라는 꿈을 향해 3년 넘게 혼신의 힘을 다했다. 대학 교내 게시판에 유학준비반을 만든다는 공지를 올려 함께 공부도 해나갔다. 그러던 어느 날, 내딛던 발걸음을 멈추었다. 왜 그 길에서 벗어났는지 정확히 기억나지 않는다. 아마도 경제학 박사를 향해 가는 길에 겁이 났던 거 같다. 그 시절 경제학 박사를 향한 길을 가던 내게 누군가 이런 말을 건넸다. "경제학 박사를 해서 살아가려면 셋 중의 하나여야 해. 천재처럼 똑똑하던가, 집에 돈이 정말 많던가, 경제학을 진정 사랑하던가"

뭔가 일리 있는 말처럼 들렸다. 난 천재는 아니었다. 집에 정말 돈이 많지도 않았다. 나는 공부를 하고 연구하는 것이 재미있었지만 학문을 사랑하지 않았다. 결국 난 기나긴 여정을 시작하려는 문턱에서 두려움에 눌려 포기했다.

이제 와 돌이켜 보니 내가 너무 어리석었다. 누군가 자신의 꿈을 향해 달려가고 있다면 꼭 말해주고 싶다. 두려워하지 마라. 자신의 꿈을 향해 나아가라. 주변에서 친구든 선배든 마치 자신이 많은 것을 알고 있는 듯 떠드는 이들의 어설픈 충고를 듣지 마라. 대단해 보이는 주변의 그 사람도 고작 어리숙하고 미숙한 동년배일 뿐이다.

지금 와 돌아보니 이렇게 보인다. 박사는 천재처럼 똑똑한 사람만이 하는 것이 아니다. 성실하고 부지런히 연구하는 이들이 가는 길이다. 돈이 많은 부자가 가는 길 또한 아니다. 학비와 생활비는 어떻게 해서든 구할 방법이 나온다. 박사 취득 후 취직자리도 아주 많다. 우리나라 말고도 해외에서 얼마든지 일할 수 있다. 박사는 학문을 사랑하는 사람만이 하는 것이 아니다. 이 세상에 자신이 사랑하는 일을 하는 사람은 극히 드물다. 사랑은 내 곁에 있는 사람들에게 하는 것이고, 일은 내가 좋아하는 것일 뿐이다.

우리네 삶에서 한번은 가야 하는 길은 언젠가는 걷게 되는 것 같다. 나이 마흔을 훌쩍 넘긴 어느 날, 이십 대에 가보지 못했던 박사학위 도전을 다시 하기로 마음먹었다. 미국 대학 경영학 박사에 지원해 보기로 결심했다. 그 누가 봐도 무모한 도전이었다. 합격한다 해도 40대 중반이고 박사과정을 5년 안에 마친다 해도 거의 50세에 학위를 받는 셈이었다. 이 도전의 시작은 동생의 한마디에서 시작됐다.

"형! 삶의 판을 한번 확 바꿔 보는 건 어때?"

40대에 접어들 무렵 내게 닥친 환난으로 고통받고 있을 때 미국 주립대학교 교수로 있는 동생이 박사 유학을 권유했다. 당시엔 아무 생각없이 스쳐 지나갔던 동생의 말이 몇 해가 지나 떠올랐다. 미국 경영학 박사는 학비가 면제이고, 일 년에 4천만 원 정도 생활비도 지원해 주었다. 더군다나 경영학 박사로 대학 강단에 남는 이들은 월스트리트에 근무하는 금융인의 연봉에 준하는 급여를 받고 있었다.

도전을 시작했다. 퇴근하면 지친 몸을 이끌고 모교 도서관으로 향했다. 토플 시험을 준비하고, 학창 시절 어마어마한 공부량으로 악명 높았던 GRE 공부를 해나갔다. 힘들었지만 재미있었다. 무모해 보였지만, 잠을 조금 덜 자고 불필요한 저녁 모임을 줄였다. 찌는듯한 더위가 극성을 부리던 여름날, 강남의 한 시험장에 토플과 GRE 시험을 보았다. 시험장을 나서는데 이십 대 정도로 보이는 젊은 시험 감독관이 나에게 수고하셨습니다라며 인사를 건넸다. 대학 교수뻘 되는 중년의 아저씨가 대학생이 보는 시험을 응시하고 있으니, 그들 눈에 아마 내가 안쓰러워 보였던 것 같다. 시험을 마치고 테헤란로를 걸으며 생각이 들었다. 사람이 와야 하는 길은 언젠가는 걷게 되는구나. 점수도 높은 점수는 아니지만 만족할 정도로 나왔다.

그런데 정작 문제는 3장의 추천서를 받는 것이었다. 학부 시절 은사님들은 연로하셔서 은퇴하셨고 작고하신 분도 계셨다. 대학원 지도교수께는 졸업 후 한 번도 연락드리지 못했다. 다행히 대학 4학년 때 내가 유학 준비를 하는 걸 아시고 격려를 아끼지 않으셨던 은사님께서 교정에 계셨다. 이메일로 유학 준비 사실을 말씀드리고 추천을 부탁드렸다. 마흔을 훌쩍 넘긴 제자의 추천서 작성 요청에 진심 어린 장문의 답장을 보내셨다. 공부에는 때가 있고, 학위를 취득한다 해도 50살에 가까운 연구자를 원하는 기관은 어디에도 없다고 하시며 박사학위 지원을 만류하셨다. 몇 차례 주고받은 메일과 전화 통화에서 제자의 뜻을 꺾을 수 없다는 걸 아시고는 추천서 작성을 승낙해 주셨다.

석사학위 때 지도 교수님도 연락 한번 없던 매정한 제자의 청을 흔쾌히 들어주셨다. 이렇게 2년여의 준비 끝에 9개의 대학에 입학원서를 제출했다. 일일이 필요한 서류들을 발급받아 지원하는 대학에 제출하고 응시료를 납부하는 매 순간이 행복했다. 결과를 기다리는 시간마저 행복했다. 응시한 학교에서 하나씩 메일이 왔다. 안타까운 불합격의 소식이었다. 마지막 아홉 번째 대학에서마저 불합격 소식이 전해졌다. 아쉬웠다. 하지만 허탈하지는 않았다. 2년이라는 시간의 결과가 합격은 아니었지만, 그 자체로 좋았다. 이십 대에 당당히 걸었더라면 더 좋았겠지만, 이제라도 담대히 발걸음을 내디뎠음에 행복했다.

이런 일이 있고 몇 년이 지난 후에 오게 된 시카고 출장이었기에 더 특별했다. 유명한 시카고의 커피와 시카고 피자도 좋았지만, 무엇보다 일리노이 대학에 한번 가보고 싶었다. 남들에게는 그저 평범한 미국의 주립대학이겠지만 내겐 조금 특별한 의미를 갖는 곳이었다. 미국 일리노이에 살고 계셨던 이모님 덕분에 동생을 포함한 사촌 형제들이 모두 일리노이 대학에서 1년 정도씩 어학연수를 하였다. 그런데 유학을 준비하던 나는 시간이 아까워 유독 어학연수를 가지 않고 영국 유학 준비에 매진했다. 명절 때 가족들이 다 모이면 사촌 형제끼리 그들만의 추억을 공유하곤 했다.

"형! 그때 노스 닐 스트리트의 데리야키 집 기억나?"
"그럼! 거기서 점심 포장해서 메인 쿼드 잔디밭에서 시간 보내곤 했지!"

　이런 대화에 난 눈만 멀뚱멀뚱 뜨고 형제들의 이야기를 듣곤 했다. 시카고 출장 일정에 마침 주말이 끼어있었다. 때마침 미국에서 운동역학 교수를 하고 있는 동생도 일터를 일리노이 대학교University of Illinois로 옮긴 터였다. 시카고에 온 동생과 막연하게 맴돌던 일리노이 대학 교정에 가보았다. 데리야키 집도 가보고 교정 잔디밭도 가보았다. 시카고를 떠나 뉴욕으로 향하는 길에 문득 이런 생각이 들었다. 내가 만일 20대에 어학연수를 와서 시카고 시내를 거닐고, 일리노이 대학 교정에서 시간을 보냈다면 미국으로 유학을 오지 않았을까? 그랬으면 내 삶은 어떻게 변해 있을까?

　시카고 출장길. 마치 오래전 잊혔던 옛사랑의 흔적이 되살아나는 느낌이었다. 우리네 삶은 아쉬움의 연속인 것 같다. 지나온 선택에 대한 아쉬움. 떠나 보낸 것들에 대한 그리움. 그런 아쉬움과 그리움 속에 그래도 내일에 대한 꿈을 가지고 한 걸음씩 걸어가는 것이 우리네 삶의 여정 아닐까?

천사의 도시, 로스앤젤레스

2028년에 로스앤젤레스 Los Angeles에서 올림픽이 개최된다. 런던, 파리에 이어 올림픽을 무려 세 번씩이나 개최하게 되는 도시가 된다. 로스앤젤레스는 인구와 경제 규모에서 미국에서 뉴욕에 이어 두 번째로 큰 도시이다. 세 번째로 큰 도시는 시카고이다. 그런데 펀드매니저의 시각에서 로스앤젤레스는 왠지 낯설다. 뉴욕에는 증권거래소가 있고, 시카고에는 상품거래소가 있어서인지 금융 도시의 느낌이 강하다. 그런데 할리우드라는 영화의 메카가 주는 존재감에 금융 도시로서의 로스앤젤레스의 느낌은 약하다. 하지만 수많은 대형 금융기관이 로스앤젤레스에 있다.

로스앤젤레스로 향하는 출장길에서 두 가지의 어설픈 실수를 했다. 당시 유럽은 여행이나 출장으로 몇 차례 다녀온 적이 있었지만 미국은 처음이었다. 이상하게도 미국은 잘 가지 않게 되었다. 여행으로도 가보지 못한 첫 미국 방문이 업무 출장이었다. 그것도 투자할 대상을 찾고 평가하는 중요한 업무였다. 신시내티, 뉴욕, 로스앤젤레스를 방문하는 일정이었다. 미국 영토가 넓다는 걸 알았지만 실제로 가본 적이 없으니 그렇게 넓은지 몰랐다. 단지 한 나라라는 생각에 시차가 있는 것도 심사숙고하지 못했다. 결국 시카고를 경유해 신시내티에서 업무를 보고, 곧장 뉴욕으로 날아가 강행군을 지속했다. 동쪽 끝에서 서쪽 끝인 로스앤젤레스에 도착할 때 즈음엔 일행들의 피로가 쌓여 있었다. 그때 다시금 책상에 앉아서는 현실을 모른다는 것을 뼈저리게 실감했다. 컴퓨터 화면을 보며 만드는 일정에는 장시간 비행기 좌석에 앉은 채 밤을 지새야 하는 불편함, 공항에서 시내까지 오가는 시간, 시차 적응에서 오는 몽롱함을 알 수 없었다.

　책상에만 앉은 채 세운 계획의 두 번째 실수는 숙소에서 나타났다. 우리나라 회사들의 출장 여비는 외국 회사에 비해 넉넉지 못하다. 우리나라로 출장을 온 외국 금융회사 직원의 숙소는 이름만 들어도 다 아는 5성급 호텔이었다. 하지만 우리나라 대부분의 금융회사 직원이 해외출장을 가서 5성급 호텔에 머문다는 이야기를 들어본 적이 없다. 공공 금융기관의 경우 여비가 더 박하다. 5성급은 생각도 못 하고 4성급 호텔에서 묵어본 적도 거의 없다. 3성급 호텔에 머무는 것은 괜찮다. 까짓것 뭐 숙소가 그토록 중요하겠는가! 그런데 문제는 대부분 그런 숙소들은 해외 현지에서 방문하려는 금융회사가 위치한 중심가에서 멀리 떨어져 있었다.

처음 가보는 로스앤젤레스에서의 숙소를 열심히 검색하다 예산에 맞는 3성급 호텔을 찾아냈다. 더군다나 방문하는 회사까지 걸어서 10분 정도 소요되는 아주 좋은 위치에 있었다. 기쁜 마음에 일행들에게도 알려주었다. 행여나 빈방이 없어질까 다들 부리나케 예약하고 출장길에 올랐다. 마지막 일정인 로스앤젤레스에 도착하여 호텔로 향했다. 호텔은 나름 깔끔하고 좋아 보였다. 여태껏 보았던 다른 3성급 호텔보다 깨끗해 보였다. 정오가 조금 지난 화창한 날씨에 창밖으로 보이는 도심의 모습도 평온해 보였다. 로스앤젤레스에는 그곳에서 태어나고 자란 사촌 동생이 살고 있었다. 바쁜 일정상 얼굴을 볼 수는 없었지만, 잘 도착했다는 안부 전화를 걸었다. 숙소가 어디냐는 물음에 대답했더니 깜짝 놀란 목소리로 외쳤다.

"오빠! 거기 할렘 지역이라 굉장히 위험해. 해지면 절대 밖으로 나오지 마!!"

도심에서 가까운데 숙박비가 저렴한 데는 이유가 있었던 것이었다. 다리 하나를 사이에 두고 도심과 할렘이 나누어지는 지역에 나흘 동안 머물러야 했다. 밤이 되자 요란한 사이렌 소리가 귓가를 스쳐 잠을 이룰 수 없었다. 다행히도 잠을 설친 것 빼고는 무사히 출장 일정을 마칠 수 있었다. 이 일을 계기로 일반적인 것에서 벗어난 것에는 나름의 이유가 있다는 중요한 사실을 깨달았다. 다른 호텔보다 위치가 좋은데 가격이 싼 데에는 다 나름의 이유가 있는 것이었다.

    우여곡절이 많았던 로스앤젤레스에서 방문한 한 회사의 모습이 인상 깊게 내 기억 속에 오래 남아있다. 일반적으로 금융회사라고 하면 멋진 정장을 차려입은 직원들이 바쁘게 오고 가는 시내 한복판의 멋진 고층 빌딩을 떠올린다. 내가 만나온 많은 이들의 일상이 그러했다. 로스앤젤레스 시내에서 오전 업무를 마치고 다른 회사 방문을 위해 차에 올랐다. 시내를 벗어나 40분 정도 이동하더니 아름다운 해변으로 유명한 맨해튼 비치에 도착했다. 해변에 위치한 금융회사라! 뭔가 색달라 보였다. 3층 건물의 사무실 창밖으로 드넓은 백사장이 펼쳐졌다. 저 멀리 수평선 너머 내비친 하늘빛이 유난히 푸르렀다. 책상 옆에는 커다란 애완견이 따스한 오후 햇살을 만끽하며 바삐 일하는 주인의 곁에 조용히 누워있었다. 마치 휴양지에 온 것 같은 착각마저 들었다. 직원의 복장도 와이셔츠에 양복을 걸친 정장이 아니라 가벼워 보이는 캐주얼 복장이었다. 직원들의 표정엔 행복이 가득한 여유로운 미소가 가득했다. 다섯 시간 동안의 긴 미팅 중간에 휴식 시간을 가졌다. 평상시 같으면 휴게실에서 커피를 마시며 쉬었을 텐데 내 발걸음은 몇 걸음 앞에 있는 바닷가로 향했다. 구두를 벗고 바지를 걷어 올리고 태평양 바다의 끝자락에 발을 담갔다. 어릴 적 동해바다에

띄워보낸 유리병속의 편지가 이곳 해변 어딘가에서 날 기다리고 있지 않을까?

파도소리를 뒤로 하고 사무실로 돌아오니 직원들이 보고 있는 컴퓨터 화면에는 시시각각 변하는 환율이 바삐 움직이고 있었다. 이 회사는 세계 각국의 다양한 통화에 투자하는 금융공학 전문 투자회사였다. 투자하는 국가만 20개국이 넘었다. 스트레스가 심할 것 같은 투자 전략을 행하는 이들의 일터가 멋지고 여유로운 해변인 사실. 아이러니하기도 하지만 이것이 그들의 경쟁력이라는 생각이 들었다. 금융회사의 위치가 꼭 대도시의 고층 빌딩 숲속이 아니어도 되는 것을 가슴 깊이 느꼈다. 천사의 도시라고 불리는 로스앤젤레스. 수평선을 바라보며 귓가를 맴도는 파도 소리를 들으며 애완견과 함께하는 곳이 천국의 일터 아닐까! 우리나라의 여의도도 멋진 곳이다. 한강이 있고 사계절을 느낄 수 있는 여의도 공원이 있다. 하지만 한 번쯤은 설악산 단풍 숲속에 있는, 강릉 바닷가 파도 소리를 들을 수 있는 금융회사 사무실을 꿈꾸어 본다.

뉴욕 그리고 짝사랑의 흔적

유년 시절을 회상하면 추운 겨울 이불 속의 따스함처럼 떠오르는 순간이 있다. 교실에서 쉬는 시간에 그 아이의 무릎에 잠시 기대어 누웠는데 그 순간이 참 포근했다. 엄마 품처럼 포근했던 기억이 난다. 유년 시절 기억이 거의 나지 않는데, 그 순간만큼은 또렷이 내게 남아 있었다.

초등학교 4학년 짝이었던 그 아이를 다시 본 것은 대학입시에 떨어져 재수를 하던 봄, 노량진의 학원 앞 버스 정류장이었다. 다가가서 인사를 건네자 그 아이는 "야! 염재현" 이러더니 마치 어제 보고 다시 만난 사이처럼 웃으며 대화를 이어갔다. 잠시 후 버스가 오자 "나 간다."라는 한마디를 남기고 버스에 올랐다. 그 아이의 뒷모습을 잠시 바라보고 망설이다 나도 그 버스에 올랐다. 자리가 꽉 찬 버스도 아니었는데 난 한두 칸 뒤에 앉은 채 아무 말도 건네지 못했다.

재수생이던 그해 첫 데이트 신청을 했다.

"계몽아트홀에서 미녀와 야수 개봉하는데 같이 보러 갈래?"

내 생애 첫 데이트 신청에 그 아이는 슬쩍 웃음을 보이며 말했다.

"야! 시시하게 더빙된 거 보러 가니?"

이게 그해의 마지막 만남이었다.

대학 입학 후 서너 차례 연락을 주고받았지만 스무 살의 분주한 각자의 삶 속에서 조금씩 멀어져 갔다. 종로에 있는 영어학원에서 이른 아침 영어 수업을 듣고 학교로 향하는 버스를 타면 그 아이가 다니는 학교를 지나갔다. 그곳을 지날 때면 그 아이는 어떤 모습을 하고 있을까 궁금했다.

두 번째 만남은 대학교 2학년 가을이었다. 당시는 대학에서 발행하는 학교 신문에 편지를 써서 보내곤 했다. 개강 후 학보에 편지를 써서 그 아이에게 보냈다. 답장이 오리라 생각 못 했는데 예쁜 녹색 봉투에 담긴 편지를 받았다.

다시 만난 날은 9월 29일이었다. 오후 5시경에 만나 숙대입구역 근처의 카페에 앉아 저녁도 거른 채 밤늦게까지 이야기를 나누었다. 한 번은 초등학교 때 선생님을 어렵게 수소문해서 둘이 함께 만나러 갔었다. 그 아이가 선생님을 보고 싶어했다. 그 아이가 좋아하는 일을 해주고 싶었다. 그녀와 함께 어딘가를 같이 향하는 것이 좋았고, 함께 시간을 보내는 것이 마냥 행복했다.

대학에서 2년을 보내고 난 입대 통지서를 기다리며 베어스타운 스키장에서 패트롤로 일하며 겨울을 보내고 있었다. 그 아이도 전화로 "넌 군대 언제 가냐?"라며 장난스레 말하곤 했다. 그러던 중 1월 중순 통지서가 날아왔다. 2월 9일 입대. 입대 전에 마지막으로 그 아이와 젊은 날의 순수한 시간을 보내고 싶어 전화를 걸었다.

"내일 뭐 하니?"
"왜?"
"그냥 저녁 같이 하고 싶어서"
"야! 하루 전에 전화해서 나랑 볼 수 있을 거라고 생각 했니?"

내 상황을 모르는 그 아이는 평상시처럼 장난기 섞인 도도함으로 대답했다.

"그럼…언제 시간 괜찮니?"
"음…다음 주 월요일 괜찮아!"
"그래! 그럼 2월 6일에 보자"

월요일이 돼서 그 아이를 만나 무슨 이야기를 할까 이런저런 생각을 했다. 약속 시간에 맞춰 외출 채비를 하는데 동생이 놀라며 말했다.

"형! 지금 이렇게 입고 갈라고? 오늘 그 누나랑 데이트한다며."

재범이가 옷장을 뒤져가며 이 옷 저 옷을 꺼내어 코디를 다시 해주었다. 행여 약속 시간에 늦을까 바삐 채비하고 현관 앞에서 신발을 신고 있는데 전화벨이 울렸다. 동생이 수화기를 들더니 이미 문을 열고 나가는 나를 불러 세운다.

"형! 형 전화야!"
"나 없다고 해."
"형! 그 누나 같은데"

수화기를 손으로 막고는 내게 작은 소리로 말했다.

"여보세요!"
"야! 나 오늘 너랑 못 만날 거 같아"
"왜?"
"몸이 안 좋아!"

힘없이 수화기를 내려놓았다. '내일모레 나 입대야'라고 말하고 싶었지만, 왠지 내가 너무 초라해 보일 거 같았다. 이렇게 난 그 아이의 고운 미소를 보지 못한 채 대구 50사단 신병훈련소로 향했다.

군대에서 보초 근무를 서며 하늘의 구름을 바라보는 것을 좋아했다. 나중에 제대하면 더는 누군가를 순수하게 좋아할 수 없을 것 같았다. 상대방이 마음을 열지 않으면 나 역시 헛된 감정을 품을 것 같지 않았다. 어떠한 계산 없이 한 사람을 좋아할 수 있는 시간이 저물어 가고 있었다. 문득 그 아이는 내게 차가웠다는 걸 알게 되었다. 그런데도 난 마냥 그 아이가 좋았다. 하지만 함께 공유한 것이 별로 없었다. 군대에서 만 원 정도 하는 월급이 나오면 똑같은 카세트테이프를 두 개 샀다. 그리고 그중 하나를 등기 소포로 그 아이의 학교로 보냈다. 그러면 내가 듣는 노래를 그 아이도 들을 것이고, 그럼 우리는 많은 노래를 함께 공유할 수 있다는 사실만으로도 기뻤다. 발신인을 적지는 않았다. 대신 보내는 앨범에서 내가 가장 좋아하는 곡명을 발신인란에 적었다.

제대하고 나니 짧은 26개월간 뭔가 많이 바뀌어 있는 듯했다. 한강 건너편의 그 아이도 졸업하고 언덕 너머의 그곳에 있지 않았다. 그 아이를 세 번째 본 것은 1997년 가을이었다. 그녀의 직장으로 전화를 걸었다. 3년만에 듣고 싶던 그 아이의 목소리가 수화기 너머로 들렸다.

"여보세요?"
"어…나…염재현인데…"
"야!!! 넌 어떻게 연락도 없이 군대를 갔니?"

다소 화가 난 사람처럼 황당하다는 듯 웃음과 함께 그 아이가 소리쳤다.

며칠 후 9월 29일에 보았다. 이날은 우연히도 3년 전 그 아이를 다시 만났던 날짜와 같았다. 압구정동 현대백화점 앞에서 만나 근처 자메이카라는 카페로 갔다. 그녀는 졸업하고 미국계 회사에 근무하고 있었다. 며칠 밤잠을 설친 만남, 아니 3년을 뒤척였던 만남이었다. 그녀는 내게 여자 친구가 있냐고 물었다. 그 질문 자체가 내겐 상처였다. 그날 이후 연락을 자주 했지만, 얼굴을 본 것은 그날이 마지막이었다.

또다시 3년이 흐른 후 친구를 통해 그 아이의 소식을 들을 수 있었다.

"재현아! 너 소식 모르는구나. 결혼해서 지금 미국 가서 살고 있어. 네 이야기는 종종 들었어. 네가 자기를 많이 좋아했다고 하던데."

그랬다! 그거 하나면 충분했다. 내 마음이 전달된 것. 하지만 그 아이를 매번 만날 때면 가슴이 매우 아팠다. 그래서 멀리하려 했지만 결국 그리워하다 다시 발걸음을 돌리는 그런 외사랑이었다. 그 아이로 인해 나의 20대에는 그리움이라는 고운 그림이 그려져 있다.

만일 시간을 되돌릴 수 있다면 입대 전 성보아파트를 나서다 그 아이의 전화를 받던 날로 돌아가고 싶다. 그리고 삼익아파트 앞에서 밤늦도록 그 아이를 기다리다 말하고 싶다.

"사실 나 너를 좋아해!"

아직 해가 뜨지 않은 이른 새벽. 뉴욕의 센트럴파크에서 한 시간 넘게 조깅하다가 길을 잃었다. 열흘간의 미국 출장길. 항상 해외 출장을 갈 때면 아침에 일어나 조깅을 하려 한다. 그 나라의 새벽공기를 맡아보고 싶었다. 그런데 공원 안에서 길을 잃었다. 일단 꽃이 가득 핀 벤치에 앉았다. 숨을 고르고 나니 상쾌한 새벽 공기가 콧속으로 들어와 내 마음을 평온하게 해주었다. 그 순간 다시 그 아이가 떠

올랐다. 미국 어디쯤 살고 있을까? 그 아이도 이 공원에 와봤겠지? 내 인생이라는 길에서 잠시 길을 잃은 그즈음, 문득 그 아이가 떠올랐다. 잠시 후, 아침 해가 떠오르고 조깅하는 사람들이 많아졌다. 산책 나온 사람들에게 길을 물어봐서 가까스로 호텔로 돌아왔다.

오전 일정의 시작은 뉴욕 증권거래소 New York Stock Exchange 공식 방문으로 시작했다. 글로벌 금융시장의 심장. 주식시장이 열리려면 아직 한 시간이나 남았는데 벌써 거래소 안은 분주하게 움직인다. 곳곳에 화려한 조명을 받으며 방송 준비를 하는 아나운서들이 보인다. 개장 시간이 다가오자, 한쪽 구석으로 사람들의 시선이 집중된다. 그날의 개장을 알리는 종을 치는 행사가 준비 중이다. 이 행사는 보통 그날 상장을 하는 회사 관계자나 유명인들이 하곤 한다. 하루의 시작이 마치 축제와 같다. 힘차게 타종하자, 거래소는 마치 항구의 수산물 경매장 같은 모습으로 바뀐다. 다양한 색깔의 옷을 입은 사람들이 바쁘게 움직이며 손에 전자 장비를 들고 이곳저곳으로 움직인다. 마치 노량진 수산시장에서 새벽 3시경에 보던 싱싱한 수산물 경매 현장과 같다.

실제 매매 체결 현장을 보니 한 가지 의아한 점이 있었다. 많은 나라의 거래소를 가보면 모두 전산화가 되어 거래소 객장은 아주 고요하다. 다른 나라들의 거래소는 조용한 도서관 같다. 독일의 프랑크푸르트 증권거래소는 적막하다 못해 숫자판이 움직이는 소리까지 들린다. 그런데 글로벌 금융시장의 심장인 뉴욕증권거래소에서는 아직까지 사람이 일일이 주문을 받는다니! 뉴스 화면에서 보던 화려한 전광판 사이로 수십 명의 사람들이 소리치는 그 모습 그대로이다. 뉴욕증권거래소는 종목 거래가 전산화되어 있지 않다. 그래서 브로커들이 수기로 주문을 넣는다. 우리나라의 증권사 지점에서조차 이제 더 이상 객장에서 주문을 주고받지 않는다. 컴퓨터 화면을 보던 시대도 지나가고 대부분 핸드폰으로 주식거래를 한다. 그런데 스마트폰을 만든 나라의 증권거래소에서 사람이 주문을 주고받고 있는 현실이 의아했다.

   주식가격이 정신없이 움직이는 전광판을 보다 문득 주변을 둘러보니 사람들의 움직임이 눈에 들어왔다. 사람들이 활기차게 숨 쉬고 있었다. 우리를 안내했던 브로커는 얼핏 보기에도 칠순이 넘은 분 같았다. 헤어질 때 인사말도 "굿바이"가 아닌 "신의 은총이 함께 하시길! God bless you!"이었다.

   노신사의 모습을 보면서 어쩌면 이런 모습들이 사람에 대한 사랑이 아닐까 하는 생각이 들었다. 우주 비행선을 저 광활한 우주로 쏘아 올리는 나라에서 증권 거래를 전산화하지 않았다. 거래소 플로어를 이리저리 바쁘게 움직이는 저들의 신성한 노동의 현장을 조금이나마 더 오래 보존하려 했던 것은 아닐까?

God Bless You!

글을 마치며

　새로운 곳을 향해 가는 것은 인간의 본능이라고 한다. 우리네 삶에 낯선 곳으로의 여행은 설렘을 안겨준다. 새로운 곳으로 떠나는 본능과 여정을 마치고 집으로 돌아오는 회귀 본능이 어우러졌을 때 삶은 풍성해지는 것 같다.

　미지의 세계로 향하는 첫 여정은 라일락이 활짝 핀 봄이었다. 제대를 서너 달 앞두고 첫 해외 여행 계획을 세웠다. 처음이니 일정, 숙소, 차량이 정해진 패키지여행을 준비했다. 그런데 당시로서는 드물게 입대 전에 해외여행을 서너 차례 다녀온 김 일병의 한마디가 모든 계획을 바꾸어 놓았다. "염 병장님! 유럽 배낭여행을 비행기표만 끊고 자유롭게 여행하십시오. 처음은 힘들지만, 곧 자유여행으로 오길 잘했다고 생각하실 겁니다."

　청천벽력 같은 소리였다. 낯선 외국에서 어찌 숙소를 잡고, 일일이 교통편을 알아보며 다닌 단말인가? 그의 수차례 설득에 결국 달랑 비행기표 한 장 들고 여행길에 올랐다. 출국 전날 밤, 입영 전야 보다 더 걱정되어 초조함에 뜬눈으로 밤을 새웠다. 외국에서의 첫 일 주일은 고통의 연속이었다. 숙소를 잡기 위해 무거운 배낭을 메고 하루 종일 거리를 헤맸다. 하지만, 며칠이 지나자 김 일병의 말대로 마음이 편해졌다. 숙소가 없으면 여행을 다니다 야간열차를 타고 다른 도시로 이동했다. 혼자 다니다 보니 많은 사람들을 만나고 도움을 받았다. 언어가 달라 말이 안 통해도 손짓으로 대화하고, 전해지는 마음으로 서로를 이해했다.

사회인이 되어 삶의 방향은 해외투자 쪽으로 흘러갔다. 처음부터 펀드매니저가 되고 싶다는 생각은 없었다. 인생의 물줄기는 어느 날 나를 펀드매니저라는 배를 태워 저 먼바다로 떠나가게 했다. 해외투자의 여정도 해외 배낭여행을 하듯 직접 몸으로 부딪치며 헤쳐가는 길을 택했다. 많이 힘들고 여기저기 상처도 생겼다. 평이하고 순탄한 포장된 도로를 택할 수도 있었다. 하지만 단검 하나 손에 쥐고 정글 속 수풀을 헤쳐 나갔다. 많은 이들의 도움을 받고, 때로는 홀로 외로이 걸음을 내디뎠다. 펀드매니저의 길이 수익만을 추구하는 차가운 삶처럼 보이지만, 그 길에서 만나는 수 많은 사람과의 따뜻한 온기가 있다. 나와 다른 환경에 살고 있는 이들을 이해하고, 그들이 지금 그곳에 서 있기까지 견뎌온 시간을 이해하는 여정은 소중하고 값지다.

중학교 수업시간에 수필은 일정한 형식을 따르지 않고 인생이나 자연 또는 일상생활에서의 느낌이나 체험을 생각나는 대로 쓴 산문 형식의 글이라 배웠다. 수필은 마음을 나누는 대화이다. 글을 쓰기 위해 펜을 다시 든 것은 6년 전 출간한 첫 책의 서평에서 시작됐다. 당시 책에는 각 나라에서 겪은 에피소드, 투자하는 방법, 주요 기업들에 대한 소개로 구성했다. '많은 내용을 담고 있어 차라리 에피소드만으로 엮었다면 더 좋았을 거 같다'라는 독자의 한마디에 펜을 다시 들었다. 누군가의 한마디가 새로운 출발을 위한 힘이 되듯, 지구촌 이야기의 소박한 글이 누군가에게 작은 힘이 되었으면 좋겠다.

가보지 않은 길을 간다는 건 설레는 일이다. 설렘을 안고 길을 나서지만 막상 익숙하지 않음에서 오는 힘겨움이 찾아온다. 우리네 삶의 여정에서 새로운 도전을 할 때마다 앞에 놓인 장애물을 맞닥뜨리면 '이 길을 왜 걸었을까?' 라는 후회도 한다. 지나고 보면 별거 아닌 일인데, 막상 그 순간에는 옮길 수 없는 커다란 바윗덩어리 같기도 하다. 돌아보면 아주 작은 돌멩이 하나였을 뿐인데······. 그 바윗덩어리를 돌멩이로 바꾸어주는 것은 주변 사람들의 응원과 도움이다.

책을 출간하는 것은 내겐 커다란 도전이었다. 안개 속에서 헤매고 있을 때 길을 함께 걸어준 많은 이들의 도움 덕분에 출간이라는 목적지에 도착할 수 있었다. 어디로 갈지 갈피를 잡지 못하고 있을 때 길을 안내해 준 오랜 인연의 도서출판 그래더북의 고미숙 작가 겸 대표, 행복우물 최연 대표, 초고를 읽고 글의 흐름과 맞춤법을 일일이 봐준 임장후, 손성아, 그래픽을 도와준 김영광, 책의 서평을 심사숙고해 작성해 주고 맞춤법을 보아준 박지훈, 정희태, 조하진, 정고은, 홍영주, 신중범, 한규진, 추천평을 써주며 책의 전체 흐름을 보아준 김창원, 책 표지 만들어 준 이단비 님에게 마음 깊이 고마움을 전합니다.

글 쓰기에서 오타 찾기는 마치 숨은그림찾기 같다. 수도 없이 반복해서 보고 이상이 없다고 생각했는데, 어느 순간 오타가 불쑥 나타난다. 이제 어느 정도 다 찾았다고 다른 이들에게 오타를 찾아 달라 부탁했다. 그런데 내게 보이지 않던 오타가 어김없이 나타난다. 신기한 것은 사람마다 찾아낸 오타가 다 달랐다. 세상을 바라보는 시각도 우리는 모두 다른가 보다. 누군가에는 별거 아닌 일이 다른 이에게는 중요하기도 하다. 나에게 보이지 않던 일들이 남에게는 눈에 크게 띄기도 한다. 서로의 실수를 용납하고, 서로 다름을 이해하고 보듬어주며 가는 것이 우리네 인생의 길 아닐까? 그 누구도 알 수 없지만 언젠가 다다르게 되는 삶의 끝자락에서 우리는 엷은 미소를 띠며 지나온 길을 회상하면 좋겠다.

2025년 봄
라일락 꽃향기를 기다리며,

염재현

환난 가운데 지키시며,

모든 일을 예비하시고,

평안의 길로 인도하시는

하나님께 감사와 영광을 드립니다.

염재현의 지구촌 이야기

2025년 4월 25일 초판 1쇄 발행

지은이	염재현
펴낸이	한정숙
기획	성민
편집	임장후
감수	김창원
디자인	이단비
교정	조하진, 정고은, 정희태
펴낸곳	은빛물결
출판등록	제 563-2024-000180호
이메일	silverwavebook@naver.com
블로그	blog.naver.com/books2025
인쇄	영신사

ISBN 979-11-991437-1-5 03300
ⓒ염재현, 2025, printed in Korea

이 책은 저작권법에 따라 보호받는 저작물이므로 무단 전제와 복제를 금지하며, 이 책 내용의 전부 또는 일부를 이용하려면 반드시 저작권자와 은빛물결의 서면동의를 받아야합니다. 잘못된 책은 구입하신 곳에서 바꿔드립니다. 책값은 뒤표지에 있습니다.

은빛물결은 독자 여러분의 소중한 아이디어와 원고 투고를 기다리고 있습니다. 원고가 있으신 분은 이메일로 간단한 기획의도와 개요, 연락처를 보내주세요